가을 물들다

가을 물들다

강순희 수필집

수필과비평사

■ 책을 내면서

프리즘 너머 빛을 그리며

두 번째 수필집 ≪가을 물들다≫ 보따리를 풀어놓았습니다.

여기저기 머물렀던 흔적들이 어떻게 비칠까 가슴 두근거립니다.

내 품을 떠난 글들이 한 자락 소슬바람에도 움츠리네요.

색색들 모여 있는 자리가 어둡지 않게 보이길 소망합니다.

모일수록 순정하게 맑아지는 빛처럼, 빈 듯 가득한 하양이었으면 참 좋겠습니다.

어릴 적 소꿉놀이하던 때를 떠올려 봅니다.

마당귀의 초화에 이름을 붙여가며 조물조물 만지면 소꿉 밥상 한 가득했지요.

그때의 아이처럼 진지하게 놀고 싶습니다.

잡동사니를 그러모아 다독이다 보면 갖가지 반찬을 곁들인 한 상 밥을 차릴 수 있다는 건, 내 삶의 보람이지요.

다시금 사유의 숲에서 함께 노닐 친구가 새하얀 빛으로 기다리고 있어 행복합니다.

2016년 가을 무르익는 시월에

강 순 희

차례

1부
오얏꽃 필 때면

2부

배또롱 아래 선그뭇 덕

3부

어우렁더우렁

4부

툭 터뜨려 버린 사랑아

5부
신은 소 눈 속에도 있었다

6부

헛꽃 사랑

1부

오얏꽃 필 때면

눈 깜짝할 사이에 팝콘 터지듯 오얏꽃이 피었어요. 며칠 간 황홀했지요. 그 향기는 다 어떻고요. 방문 열고 툇마루에 앉으면 꽃 나라 천상이었지요. 딱 삼 일 간 한바탕 봄꿈이더이다.

오얏꽃 필 때면

삼월, 그 하루.

삼월님! 어서 오세요. 명색이 신혼 방인데 썰렁하고 누추해서 방으로 모시기가 난감하네요. 삼월님 오시는 날, 우리도 꽃샘으로 덜덜 떠는 섬을 떠나 왔지요. 여기도 꽃샘이 기승을 부리고 있군요. 삼월님도 손이 차고 발도 꽁꽁 얼었겠어요. 저도 그래요.

남편의 근무처인 여기 온양에 보금자리라고 마련했지만 마당귀에 붙은 문간방, 십만 원 전셋집이니 오죽하겠습니까. 한 사람 들어서면 가득 찰 부엌 모서리에 아궁이가 있긴 한데, 연탄이 없어서 난방도 못했거든요. 그래도 난간 돌쩌귀 옆까지 뿌리 내린 한 그루 나무가 잎 담뿍 달면 길가 단칸방에 살 우리의 사생활은 지켜줄 것 같아 다행입니다. 그 가지마다 곰작거리는 아린이 보이나요. 아! 삼월님이 갖고 온 선물이라고요. 감사합니다.

주인 언니가 자두나무라고 했어요. 옛적엔 오얏나무라 불렀다며 상서로운 기가 있다 하네요. 그 언니, 아들 넷을 내리 낳았는데 입덧할 때면 설익은 자두를 입이 얼얼하도록 먹었다고 했어요. 이 자두는 토종이라서 덜 익을 때나 익은 후에나 상큼한 신맛은 변하지 않는대요. 손가락 꼽으며 딱 먹을 철이 되겠다고, 입덧하면 대놓고 따 먹으라네요. 부끄러워 고개 들지 못했지요. 남편을 만난 지, 오십여 일 만인 엊그제 제주에서 결혼하여 여기에 신혼 방까지 차렸으니 너무 쾌속이잖아요. 안 부끄럽다면 새색시가 아니지요. 곡진하게 싸안고 있는 아린 속, 잎과 함께 돋아오를 오얏꽃은 언제 필까요. 기대 만발합니다. 문득 그 유명한 노자 어머니의 노자 탄생 전설이 있는 오얏나무가 갓 결혼한 나에게 크나큰 선물로 다가왔어요. 새색시가 참 맹랑하지요.

새로운 만남은 희망이었어요. 핑크빛만 눈에 들어옵디다. 잠옷도, 신혼복도, 이불도 물론 마음도 분홍 물 담뿍 안고 왔지요. 미래를 다짐해 보는 건 새봄맞이처럼 싱그러운 것 같아요. 특히나 긴 겨울 지나 꽃소식 들고 온 삼월님도 만났으니 좀 반갑겠습니까.

새로이 한 가정을 꾸릴 우리 둘, 설렘 가득하지요. 퇴근시간을 기다리고, 반갑게 맞았지만 마음을 터놓기에는 아직은 서먹합니다. 서로 어색해서 어기적거리고 사랑법이 서툴러서 뒤척이지만 몸 서로 닿으면 품어 주고 안기니 따뜻해서 좋긴 하네요.

어제는 여기 와서 첫날밤인데 동료들과 술 한잔하다 보니 늦었대요. 친정어머니 꼭꼭 챙겨 주신 미역 꺼내 국 끓여 아침상 차렸지요. 그이, 슬며시 '콩나물국이 해장 되는데.'라 말하지만 그 아침에 어디 가야 콩나물 파는지 알 수 있나요. 냄비 밥이라 불 조절에 실패한 고두밥 알알들도 실눈 뜨고 나를 보데요. 그이는 눈 내리깔고 밥 두어 수저 뜨다 말았고요.

오늘 아침은 나뭇가지에 해님이 걸려 이리저리 금 가 버린 햇살이 창문가에 어려요. 어제는 따듯한 햇살이 포근히 비치어 감지덕지 했는데…. 어제나 똑같은 햇빛이건만 오늘, 나 혼자 남은 방에 썰렁하게 내립니다. 동녘방인 여기는 조금 있으면 어둑한 기운이 돌 거예요. 서녘으로 창이 하나 있었으면 숨통이 트일 것 같은 하루의 시작입니다.

결혼식 때 머리 단장했던 실 핀 두어 개로 앞머리 고정시키고 어제는 물어물어 시장에 갔었지요. 신접 살림살이 마련한다고 도마며 바가지, 주발 세 개에 접시, 냄비 두 개, 수저 서너 개를 담으니 두어 말들이 파란 물통이 찼어요. 이렇게 우리 둘이 밥 해먹기 준비했지요. 그 흔한 걸레 거리도 아직은 없어요. 삼월, 당신의 온기로 오얏꽃 피고 잎사귀 무성하면 안정이 되고 따스한 기운이 돌테지요.

섬을 떠나올 때 마을 길목에 흐드러지게 피었던 개나리 꽃 노란 봉오리가 시장 들머리에 보여서 고향 집 병아리 본 듯 반가웠어요. 오가는 많은 사람들 중에 내가 아는 사람도 보일까 두리번거렸지요. 한참을 건어물 가게 옆에 서서 저잣거리 사람들을 살펴보다가 부질없는 짓이라 생각 들어 돌아섰답니다. 어머니, 아버지, 그리고 여섯 형제들도 훌쩍 떠나온 나를 나처럼 그리워하고 있을까요.

온갖 생각덩이들이 태산만큼 쌓입니다. 요놈들, 하늬바람 앞에 운무처럼 슬슬 스쳐 가버리면 좀 좋을까요. 방안 가득 들어찬 겨자 냄새 같은 알싸함 때문에 눈물이 자꾸 납니다. 이 좁디좁은 방 가득한 향수鄕愁 덩어리들을 어떻게 달래서 내몰아 버릴까요.

40년 후 3월, 그 하루 오얏나무 아래서 지나온 날들을 되돌아가 봤어요.

애면글면 지나온 세월 속에서도 삼월님 오시는 계절은 언제나 희망 가득했습니다. 그렇게 한해 두해 여기까지 왔어요. 요사이 봄꽃 필 즈음이라 문간방에 고개 들이밀며 생글거려 주던 오얏꽃에 생각 가득 머뭅니다.

삼월님과 헤어지고 난 후, 거짓말같이 눈 깜짝할 사이에 팝콘 터지듯 오얏꽃이 피었어요. 며칠간 황홀했지요. 그 향기는 다 어떻고요. 방문 열고 툇마루에 앉으면 꽃 나라 천상이었지요. 딱 삼 일간 한바탕 봄꿈이더이다. 봄비가 후드득 내리치데요. 진 자리 물집 부풀 듯 송골송골 맺은 방울들, 어느 사이에 열매 맺고 하루가 다르게 여물어 가는지 자연의 순리가 경이롭더군요.

햇빛을 많이 받은 쪽은 제법 색깔이 날 즈음이었지요. 유월 중하순이었던 같아요. 천둥 벼락 치며 내리친 폭풍에 가지 휘어지게 달렸던 자두가 죄다 떨어졌지 뭡니까. 한밤 내, 몰아친 비바람에 얼마나 시달렸는지 청록색 잎사귀랑 자두가 바닥에 난장이었어요. 고무대야에 하나 가득 담아놓고 먹고 또 먹고, 주인 언니의 예견이 그렇게 맞을 줄이야. 지금 입 안에 신물 가득 도네요. 그때 설익은 자두를 이제 와서 먹으라면 먹을 수 있을지 모르겠지만 시큼 상큼한 그 맛을 잊지 못해요. 그 자두로 입덧을 달래며 보듬은 큰애가 벌써 사십 줄에 다다랐어요.

자분자분 내린 봄비가 냇물로 흐르고 강으로 흘러 휘몰이 폭포로 내리치기도 했던 긴 세월도 무사히 건너왔어요. 이제 세 톨 씨앗 가꿔 놓으니 열댓으로 불은 식솔들을 남편과 아우르며 순한 강으로 흘러갑니다. 지금 이대로 평온하고 화목하게 흐른다면 더 바랄 게 없답니다.

이 봄, 모질고도 아름다웠던 시절이 보이는 오얏꽃이 한가득 피었습니다. 친정에 온 듯, 마음 푸근하네요. 젖빛으로 물든 꽃잎이 어머니 손길처럼 하염없이 내립니다.

내 영혼을 울리는 한 권의 책

하늘 맑고 화창하다. 좋은 날씨에 더해 맨해튼 빌딩숲과 그 심장부에 자리 한 센트럴 파크는 문명과 자연이 새로운 경지를 겨루는 듯 눈부시다. 햇빛 받아 더 웅장하고 싱그럽다.

센트럴 파크 공원을 산책하던 중 몇 아름은 됨 직한 나무 아래, 눈에 익는 열매들이 수북하게 널려 있는 게 보인다. 워낙 사람들의 왕래가 끊임 없는지라 발에 밟힌 열매들로 인해 가장자리는 번들거릴 정도다. 도토리열매다. 사계절이 뚜렷하고 비옥한 땅에서 맘껏 자라 꼭대기가 안 보일 정도이니 열매가 많이도 달렸네. 떨어진 열매가 크고 탐스럽다. 제주에서 보던 크기의 두 배는 될 것 같다.

"도토리묵이 얼마나 맛있는데, 이 귀한 식재료를 본체만체하다니. 여기도 한국 사람들이 살 텐데….”

사람들이 쌓아 놓은 문명이 하늘을 뚫을 듯 기세 높은 정중앙, 세계인들의 집합 장소인 공원에서 떨어진 도토리 알을 만지며 묵 타령이나 하는 내가 좀스러웠는지

“여기 건 식용이 안 되는지도 몰라요.”

딸애는 얼마간은 내 말을 받으며 추임새를 넣더니 주위의 시선에 얼굴 따가운지 저만치 가 버린다.

“모양은 똑같은데.”

제주였다면 한 자루 담아 가련만, 아쉽다.

이 땅도 인디언 영토였다지. 인디언들이 삭막한 북부로 내쫓기며 배곯아 허덕일 때 꿀 같은 양식이 돼주었던 도토리 알들. 그들의 마음 되어 주섬주섬 손안에 놓았더니 내 속을 알 리 없는 남편이

“뭐하려고 줍는가. 더럽게.”

핀잔한다. 나는 무르춤한 손을 툭 털고 일어섰다.

세계 최고의 상업 · 금융 · 문화 중심지인 맨해튼 빌딩숲에 서니 인디언들의 원시 과거의 생활상은 상상이 안 된다. 그때의 상수리 나무가 지금껏 살아 이 자리를 지키고 있을까. 아니면 그 나무의 씨앗 한 알이 자라 창대하게 우거져 있는지도.

드넓은 아메리카에 살았던 인디언들은 자연과 한 몸이었고 자연을 우러르며 신을 모셨지만 영원한 신은 없었나 보다. 아메리카 원

주민인 후손들이 모든 걸 송두리째 잃은 우울한 현실을 우리는 그저 바라보고만 있을 뿐이다.

여기 맨해튼이 어떤 곳인가. 발바닥 놓인 자리도 금쪽같은 값을 매긴다는데 금광에 비길 땅에 드넓은 공원을 조성한 것은 가히 파격적이다. 미국인들, 통이 크긴 크네.

땅의 소유개념을 모르던 인디언들은 위스키 몇 병과 자질구레한 장신구와 유리구슬 몇 개를 받고 맨해튼을 맞바꿔 버렸다지. 서글픈 원주민의 역사가 묻혀 있는 곳이지만 광활한 미국 영토 중, 동부의 비옥한 곳들도 인디언들의 땅이었지 않은가.

"스스로 경험할 때까지는 함부로 말하지 말라."라고 한 인디언 부족의 말이 새삼 가슴에 사무친 날이다. 오늘은 배낭에 담고 온 책을 꺼내어 머리맡에 두어야지.

버릇이 있다. 일주일 이상 여행길에 오를 때는 책 한두 권 챙겨 넣는다. 더러는 여행 분위기에 휩싸여 꺼내 보지도 못할 때가 많긴 하다. 그래도 갖고 있으면 무료한 시간에 시 한 구, 문장 한 구절을 여행의 감미에 섞어 음미할 기회를 얻어서 좋다.

이번 여행은(여행이라기보다. 친정엄마 노릇하러 갔다.) 넉 달이나 머물 계획이었으니 당연히 책은 챙겼다. 글 읽기를 좋아하는 아이 집에 읽을거리야 있겠지만 내가 아끼는 포리스터 카터의 ≪내 영혼이 따뜻했던 날들≫이다.

나는 이 책을 읽을 때면 휴지 몇 장을 소모할 때가 더러 있다. 읽을 때, 분위기 따라 울컥하게 만드는 그 무엇 때문에 읽으며 가슴을 쓸어내린다. 늘 펴 들기 좋은 자리에 놓아두는 이유 중 하나다.

대강 줄거리로 보면 단순히 인디언 아이의 어린 시절을 엮은 것 같지만 그 내면을 들여다보면 묵직하게 아린 역사를 이끌고 있다. 우리 세대에는 풀리지 않을지도 모를 침략자의 횡포에 내쫓기는 자인 '체로키족의 눈물의 여로'를 본바탕에 깊게 깔았다. 자연과 한 몸인 조부모와 손자의 일상을 따라가다 보면 신의 음성과 냄새가 물씬 풍긴다. 인디언인 저자가 할아버지의 경험담을 직접 밝힌 내용이라 더욱 와 닿는다.

자연의 이치를 본능적으로 깨달아 순응하며 자연과 하나 되어 살던 그들, 인디언을 황량하고 척박한 땅으로 내몬 것은 백인들만의 책임일까. 콜럼버스가 아메리카를 발견할 때부터 이미 인디언들은 불행의 씨가 싹트지 않았을까. 그에 가세한 문명은 자연을 파괴하며 원주인의 영역을 아예 없애려 한다. 그 위에 굳게 뭉친 서부 개척이란 미명 아래 발전에 발전을 거듭하는 우월주의자들. 자연과 조화를 이루기에는 너무 급급하게 달려야 하는 문명이라는 존재가 자연을 배척함과 동시에 그들과 하나였던 체로키들을 내몰았던 것이다.

이 책의 주인공, '작은 나무'로 불리는 어린 소년은 인디언의 혈통을 이어받은 고아다. 유일한 가족이었던 할머니 할아버지와 친구이

자 놀이 대상이었던 견공들의 죽음을 차례로 겪으며 이별을 통해 삶의 본질을 너무 일찍 꿰뚫는다. '작은 나무'의 성장과정은 바로 인디언이 겪었고 당하고 있는 아픈 역사로 이어진다. 위대한 자연 앞에 참 인간으로 살아갈 방법을 '작은 나무'를 통해 깨우치게 한다.

미국에서 몇 개월 살다 보니 미국인들은 질서 있고 예의 바르며 사소한 것들도 이웃을 배려하며 뒤돌아보는 참신한 문화인들임을 느끼게 했다. 예를 들면 건물을 드나들 때 뒤의 사람을 위하여 문이 닫히지 않게 잡아서 기다려 준다든지, 보행자나 자전거 통행자를 먼저 지나게 하려고 끈기 있게 기다려 주는 운전자 등. 사회성이 철저했다. 그러나 거슬러 올라가서 서부 개척시대의 선조들은 어떠했는가.

미국은 남북전쟁이 끝남과 동시에 국권을 수호한다는 명목 하에 원주민인 인디언을 격리시켜 통치하기 위해 동부 지방에 살던 그들을 오클라호마 주로 강제 이주시킨다. 약육강식, 죄 없는 원주민들의 이주 행렬은 비참했다.

내쫓기는 자들이 항변할 최대의 몸짓이었나. 텅 빈 마차는 뒤에 끌며, 짊어지고 인 채로 묵묵히 걸어가는 그들을 보며 백인들은 비웃었다지. 춥고 배고프고 허약해서 하나 둘 죽어갔지만 빨리 이주시켜 버리려는 힘 있는 자들의 횡포는 죽은 가족을 묻을 시간조차도 안 준다. 아들은 아버지를, 형은 동생을, 어머니는 아기를, 숨 끊어진 가족을 껴안거나 업고서 걸었고, 밤이면 품어 안은 채 자다가 또 걸었다. 묻으라는 시간이 주어질 때까지. 180여 년 전 일이다. 그 세월밖에 안 흘렀으니 맨해튼 공원에 상수리나무도 알고 있을 것만 같다.

현재 미국엔 인디언의 후예인 체로키족들이 멸종 위기에 있다고 한다. 쫓겨나서 삶의 터전을 잃고 철망으로 둘러싸인 삭막한 공간에서 지금은 악에 의존할 수밖에 없는 삶을 사는 그들. 국가라는 토양이 있어야 자랄 수 있는 그들의 언어와 문화, 풍습 등도 차차 사라지는 비극의 시간을 저당 잡혀 살고 있다. 의도된 말살정책에 한여름 뽑힌 풀처럼 시들어 가고 있는 것이다.

그 시스템을 만든 이들은 과연 누구를 위한 역사를 다지고 이룩해 나가는 것일까. 미합중국의 후예들은 선조들의 삶에서 무엇을 배울까. 반면에 인디언 보호 구역에서 알코올중독과 마약에 찌든 채 갇힌 삶을 살아가는 인디언 원주민들은 자식에게 아무것도 해 줄 수 없는 현실을 비통해 한다고 한다.

폴리비어라는 인디언 가수는 '그들은 체로키 땅 전부를 가져갔네. 우리를 보호 구역에 처박아두고, 우리의 모든 것을 가져갔네.'라며 〈인디언 보호 구역〉이라는 노래를 외쳐 부르고 있다. 그렇게 당하고 있다는 것을 세상에 알리고 있는 것이다.

노예, 패잔병, 강제 이주와 눈물의 길을 걸어온 인디언들의 모진 세월을 누가 책임져 줄 것이며, 또 어떻게 누가 보상을 해야 할까?

≪내 영혼이 따뜻했던 날들≫의 저자는 한 그루 희망의 나무를

심었다. 할머니 할아버지로 하여금 손자인 '작은 나무'를 영혼이 깃든 나무로 키우게 한다. 주인공 소년에게 '작은 나무야, 어서 자라 세상에 정의의 씨 뿌려다오.' 수없이 주문했으리.

영화 〈아바타〉에서 나비 족들이 영혼의 나무가 있는 주위에 둘러앉아 축제와 주술을 하는 장면은 흡사 인디언들의 모습을 보는 듯했다. 감독인 제임스 카메론은 과거 인디언 학살의 속죄 의식과 백인 우월주의를 비판하기 위해 그 컷을 이 영화에도 내보이지 않았을까 지레짐작해 본다. 가끔 나의 뇌리에 감도는 영상들이다.

맨해튼 공원의 도토리는 자연이 낳은 알이다. 그 조그만 알에도 천지를 창조한 후 '작은 나무'와 우리를 탄생시킨 조물주의 섭리가 분명 깃들어 있을 것이다.

어머니와 장독

기우는 해가 아직 머물러 있어 다행이다. 북쪽 울타리를 비집고 간신히 스며드는 빛을 오래된 항아리가 둥근 가슴으로 안고 있다.

후덕한 맏며느리 같은 항아리, 기쁜 일과 슬픈 일 또는 행불행이며 온갖 풍상 다 꿰찬 도인처럼 묵묵히 앉아 있어 더 고적해 뵌다. 나를 따라 시내의 복지회관으로 가는 걸 벌써 알아차렸을까. 뚜껑을 대신하여 얹은 양은 다라가 어머니 돌아가신 날, 혈색 가셔 버린 얼굴처럼 허옇게 들떠 있다.

회회해서 더 쓸쓸해 뵈는 항아리, 안에 것들을 정리하려 하니 눈에 익은 물건들이 반긴다. 학창 시절 우리의 점심 끼니를 해결해 주었지만 밥과 반찬을 뒤범벅 시킨 죄로 타박을 받았던 알루미늄 도시락 통 서너 개가 바깥에 나오니 더 찌그러진 모습이다. 닳고 닳은 나무 됫박도 보인다. 어느 핸가 멸치볶음과 콩자반을 담고 왔던 칸칸이 반찬통도 '나 여기 있지.' 하며 배시시 얼굴 내민다. 식구들이 뿔뿔이 흩어져 뜨막하고 먹는 입이 줄었으니 커다란 장독은 그릇들의 보관 장소로나 쓰였나 보다. 세월의 더께로 추레한 잡동사니라 버림치들이지만 어머니 냄새가 배어 있어 오랜만에 만나는 초등학교 동무처럼 반갑다.

지금은 이름도 모르는 사람들이 기거하는 곳, 빌려 줘 버린 고향집은 부모님 흔적들을 삽시에 쓰레기 신세로 변하게 해 버렸다. 윤택했던 집 안팎이 난장이 되는 데는 순식간, 그리 시간을 요하지 않았다. 그나마 반세기의 나이를 먹은 집 외벽 조각 대리석과 항아리만 변함없이 그대로다.

생전의 어머니를 만난 것같이 정다운 장독, 그 속에 배어 있을 손맛을 간직하고파 가져가야겠다고 마음먹었다. 내가 된장을 뜰 수 있었던 이래, 줄곧 그 자리를 지키던 장독은 동쪽 부엌 밀문을 열면 바로 마주했다. 얼추 여덟 말 가량의 메주가 들어가리라 짐작되는 배통 넉넉한 항아리다.

남이 사는 집이니 소홀히 다뤄 박살이 날지도 모를 일인데다 내가 활동하고 있는 곳에 된장 담글 항아리가 부족하던 참이었다. 그 단체는 내가 정성 들여 이끌고 있는 곳인데, 매년 재래 된장을 담가 어려운 이웃에게 밑반찬 봉사도 한다.

어머니는 정성들여 메주를 띄웠다. 콩짚이나 밭벼 짚을 사이에 깔아 고이 쌓아 놓으면 메주는 솜털 같은 곰팡이를 피워 올렸다. 다 띄워질 무렵이면 바람까지 골라 가며 쐬었는데 샛바람이 불면 된장 맛이 쓰다고 하면서 애지중지 관리했다. 찻방 한쪽을 차지한 메줏덩이에서 고리타분한 냄새가 가시고 다루기 좋게 단단해지면 섣달 좋은 날, 장 담그는 하루는 집안 대사를 치르는 듯했다. 어머니가 치밀하게 준비한 대로 눈치껏 따라야 했기에 게으름을 피운다거나 추위에 손 곱아 일을 못하겠다는 따위의 핑계는 댈 엄두도 내지 못했다.

일고여덟 말 메주를 찬물에 맨손으로 닦아 내는 일은 고역 중의 고역이었다. 메주는 씻을수록 미끈거리는데 메줏덩이 사이에 까맣게 낀 누룩곰팡이는 젓가락을 이용하면서라도 깨끗이 닦아 내야 했다. 메주를 움켜잡기에는 턱없이 작은 손이 찬물에 곱아 거멓게 멍들어도 곁불 한 번 쬐지 못하고 그 많은 메주를 씻어야 했던 시절, 아릿한 추억이 또렷이 다가온다.

아홉 식구의 소중한 밑반찬이 든 장독에 정성을 다하셨던 어머니는 된장을 연년이 거르지 않고 담가 장독 가득 채워 놓고 이웃에도 아낌없이 퍼 주곤 하셨다. 일곱을 낳은 어머니 뱃구레 닮은 장독항아리, 어머니 자궁 같은 항아리 속, 메주덩이들은 간장과 어우러지며 무르익었다. 햇살을 온몸으로 받은 항아리에서 달달한 냄새 풍겨오면 정오의 해가 장독에 빠져 빨갛게 달아올랐고 가끔 뚜껑 닫는 것을 잊는 밤이면 달과 별도 간장독에 빠져 놀다가곤 했다.

된장이 한창 숙성할 시기인 유월이면 어김없이 울타리를 끼고돌며 향기를 풍겼던 백장미, 그 향기가 된장 안에 스몄던 걸까. 된장에서 장미향이 났다면 믿을 이 없겠지만, 우리 집 장맛은 동네에 소문날 만큼 맛있었다. 요즘같이 더위로 후텁지근한 날에는 텃밭의 물외를 채 썰어 넣고 된장 한 덩이 휘휘 풀어 저으면 누르스름한 때깔이 흐르는 냉국에서 구수하면서도 향긋한 풍미가 입을 개운케 했다.

한시도 쉬지 않는 어머니의 손은 앞마당 가, 화단과 장독대 옆 멍석크기만 한 텃밭에서 갖가지 채소를 뽑아 올렸고 울타리 단장도 남달랐다. 동쪽과 서쪽 도로를 낀 울타리 가득 하얀 줄장미가 향기를 뿜어대는 6월 현충일이면 우리 집 가를 거치던 학생들 손에는 충원묘지에 모신 순국 용사들의 묘비 앞에 헌화하려는 하얀 장미 몇 송이씩이 들려 있었다. 그날, 우리 형제들은 곱게 핀 장미를 그네들에게 꺾어 주며 신바람 났었지. 군데군데 허물어져 더 휑한 모습인 현무암 울타리를 쓰다듬으며 향기 가득했던 이맘때를 그려 본다. 우툴두툴한 울담을 에워쌌던 장미넝쿨 따라 호박 넝쿨도 뒤질세라 기어오르던 자국은 지금 그 어디에도 없다.

항아리를 싣기 위해 트럭 뒷문을 내리는 소리에 가슴이 철렁 내려앉는다.

'종명하셨습니다.' 임종을 앞두고 온 식구가 지켜보던 중 의사의 말에 숨이 콱 막혔던 3년 전 그날, 어머님 떠나시던 때도 이랬었는데….

애써 담담하려 마음 다잡으며 집 주위를 둘러보았다. 장독대 옆에 있는 호스를 텃밭 돌담 위에 둥글게 사려서 올려 보려 했지만 심란해선지 호스가 자꾸 꼬인다. 항아리를 들어올린 자리에는 지렁이들이 무리 지어 가리산지리산 상형문자 같은 아리송한 암호문을 휘갈겨 가며 꿈틀거리고 있다. 제 영역들을 표시함인가, 아니면 가까이 오지 말라는 경고문이라도 쓰는 걸까. 거창한 지붕을 얹고 살던 요놈들이 때 아닌 침입자 앞에 뭉치자 함인지 저들끼리 배배꼬며 시위를 벌인다.

"너희 보금자리는 흙속이야."

쓸어 담아 텃밭에 부어 주었다. 날이 저물고 있으니 무사히 제 살 곳을 파고들겠지.

부모님 살아계셨을 적에도 살고 있었을 미물조차 제자리 지키며 대대로 삶을 누리고 있건만, 일곱 자식들은 두 분 여읜 지 몇 년도 되기 전에 작정한 것처럼 흔적 지우기에 바쁘다. 남동생들에게 집안 잘 지키라며 물려준 기름진 과수원과 밭들도 하나 둘 남의 손에 넘어간다.

터치 한 번으로 감쪽같이 사라지는 모니터 화면처럼 아픈 기억들은 눈 안에 보이지 말았으면 좀 좋을까. 고향 오는 길목에 자리한 과수원의 귤나무와 창고는 내 모습만 보이면 키 키우며 나를 반기려 드니 바라보는 마음은 언제나 쓰리다. 나도 어머니의 흔적 지우기에 나섰다고 형제 중 누군가 책망할지 모르지만 어머님은 내 마음 알아 주시리.

천 조각으로 항아리 사이사이를 잘 보듬고 단단히 동여맨 다음 고향집을 나섰다. 이참에 어머님의 영혼도 항아리 따라 가시자고 할까. 아, 아니야. 그곳은 너무 삭막해. 동 복지회관이라 드나드는 사람들은 많지만 도회지의 3층 옥상이니 온종일 그늘 드리우는 곳도 없고 벗할 지렁이 한 마리 살지 않는 곳인 걸.

당신께서 그리 아끼시던 장독 따라 걸음 하실 것 같은 조바심에 자꾸 뒤돌아본다. 신작로에 감돌던 마파람이 휘이휘이 따라온다. 이 바람과 같이 달리는 트럭 뒷덜미 잡고 오시다 마을 어귀에서 되돌아가시나. 한 덩어리 바람이 목울대에 치받혀 덜컥 메인다.

"어머님 이름으로 제 나머지 삶을 열심히 살겠습니다. 둘째 딸을 믿으시고 아끼시던 장독과 함께 손맛도 아낌없이 주세요. 된장 간장 맛있게 만들어 불우한 이웃들과도 함께할게요."

눈 붉힌 어머니, 해님이 전에 어서 가라 하는 듯 짙은 노을이 서녘에 너울진다.

제주 현무암을 말하다

부드러운 곡선의 연결이 장관을 이룬다. 오름을 오르든지 들로 나가도 흔히 접하게 되는 제주 밭담. 그리 높지 않은 자락에서 내려다보면 오밀조밀한 전경이 한라산 둘레 따라 한 폭의 그림으로 다가온다. 내가 나고 자란 농촌의 풍경이라서 늘 보아 왔건만 매양 새롭다.

인고의 생애를 사신 어머님의 핏줄인 양 애틋한 정서가 흐르는가 하면, 굳건한 의지로 삶을 개척하신 아버님 팔뚝의 힘줄처럼 강인한 삶의 모습도 보인다. 오랜 옛날부터 척박한 환경에 적응하며 살아온 제주인들의 생명줄인 듯, 살아 움직이는 것 같은 착각에 빠질 때도 있다.

요사이 제주 밭담이 세간의 이목을 끌고 있다. 계절 따라 독특한 색깔을 지니고 있고 그 어디에서도 볼 수 없는 농경문화경관이라고 세계가 주목한다. 일명 '흑룡만리 돌담 밭'이란 이름을 내걸고 세계 주요 농업유산으로 등재할 날을 제주는 기다리고 있다.

지금은 평화의 섬, 청정 낙원의 땅이지만 태곳적 백록담 자궁 문 열리며 솟아오른 시뻘건 마그마는 들판과 바다로 내달렸고 제주의 땅덩이는 초토화돼 버렸다. 그로 인해 제주 특유의 화산석인 구멍 숭숭한 현무암이 섬 전체에 깔리게 된다. 이런 역사의 소용돌이를 맞아 제주를 상징하는 삼백육십여 개의 오름은 탐라 신을 호위하는 용병같이 제각각의 굼부리를 품고 한라영산 주위를 에워쌌다.

거친 자연과 맞서 싸운 제주인의 삶 속에 들어박힌 검고 언틀먼틀한 현무암. 돌이 많으니 밭 경계선도 돌담이요, 집 울타리도 돌담이요, 해안선도 돌담, 가도 가도 돌담의 연속인 섬 제주다. 곳곳에 지천인 돌덩이로 밭담에 이어 산담, 방사탑, 봉수대, 원갯담, 올렛담, 정낭돌 들을 쌓고 세웠다.

밭담은 계절이 바뀔 때마다 진수성찬 떠받드는 그릇이다. 이랑 긴 밭 사이에 낀 돌랑밭도 한자리 차지해서 나름으로 소박한 종지 그릇 풍경을 자아낸다. 봄이면 연녹색 보리 이삭과 샛노란 유채꽃 향기까지 담고 밭담은 멋들어지게 자연의 조화를 연출한다. 봄 향기에 자지러지는 종달새도 잠깐 스쳐가는 카메오로 출연하며 봄 풍경을 띄워 돋운다.

현무암 밭담은 섬 전체에 성긴 그물망처럼 널려 있어 자연과 인간이 대화하며 공존하는 모습을 꾸밈없이 보여준다. 미학적 가치를 들먹이지 않더라도 제주 사람들의 삶의 체취가 그득 담긴 생활 문화유산으로 손색이 없다.

산담은 영혼이 사는 집 울타리다. 제주인들은 넓고 단단하게 돌담을 둘러쳐서 묘지 관리에 정성을 다하는지라 검버섯 피어 애늙은이 돼 버린 동자석도 옛적, 불 먹은 정열로 꿋꿋하게 영혼을 지킨다.

방사탑은 축사逐邪의 의미를 지닌다. 마을의 사악한 기운과 나쁜 액을 몰아내기 위하여 동네사람들이 힘 합쳐 쌓았다. 탑 밑에는 밥주걱을 묻어 외부의 재물을 마을 안으로 들여 달라는 염원을 담았고, 솥을 묻어서 무서운 불의 재앙을 막으려는 믿음의 뿌리를 심었다. 다소 샤머니즘적인 경향이 있지만 내 향촌의 무사안녕을 바라는 뜻이 간절하기에 신령이 도와 우리, 이렇게 편안한 시대를 살고 있으리.

일만 팔천여 신들의 고향,

제주가 아닌가. 천지개벽이라 할 화산 대폭발 이후 생성된 제주는 모든 만물을 키웠고, 만물의 영장인 인간은 삶의 편린들을 그러모아 엮어 가며 자신들의 처지를 위로 받고자 무생물인 현무암 돌덩이에 의지했나 보다. 산과 계곡 등에 있는 기묘한 바위를 신성화하며 당을 만들어 기도처로 삼기도 하였으니 돌은 제주인의 삶을 보호하고 영혼을 위로해주는 신앙의 대상이었다.

사면이 바다로 둘러싸인 제주는 외세의 침입이 끊이지 않았다. 그래서 섬사람들은 바닷가와 해안 마을에 환해장성을 둘렀고, 연대를 쌓아 마을을 외세의 침입으로부터 막았다.

봉수대 탑돌도 옛 시절 황망하고 애달픈 사연 안고 밀물 때면 축축한 가슴 쓸어내리지만 따스한 날에는 한가히 허벅지 내놓고 일광욕하며 오가는 이들을 맞는다. 불덩이에 달구어져 몸부림치던 현무암의 상처 자국처럼 아프고 굴곡진 제주의 역사지만 더 이상의 시련은 없기를 바라면서.

원갯담은 갯가 사람들의 삶의 근원이다. 이웃 간 돈독한 정으로 쌓은 갯담에 이른 새벽 멸치 떼 몰려오면 멸치 후리는 소리로 갯가는 흥겹다. 흑수정 같은 갯바위에는 마른 멸치가 은빛으로 빛나고 멜국 올라온 아침 밥상머리엔 배릿한 갯내음도 한자리 차지하고 앉아 식구들 입맛을 돋우었다.

고단한 하루에 지친 어머니가 긴 올레담 들어서며 정낭*을 내리는 어스름 저녁. 세 눈 박이 정낭돌 두 놈이 울 어머니 반기며 빙세기* 웃는다.

* 정낭: 대문 역할을 하는 3개의 긴 막대기. (제주어)
* 빙세기: 소리 없이 벙싯 웃는 모양. (제주어)

계절에 들이대다

벚꽃이 하르르 눈물 흘렸다. 오는가 싶었는데 훌쩍 가버린다. 설레고 아름다운 시절이라 더욱 아쉽다. 가지마다 빼곡하게 채웠던 망울들이 순식간에 사위어 갔다. 서운타 했는데 눈물샘마다 열매가 옹골지다. 송이송이 품었던 꿈을 버찌로 야물려 놓고 솟아오르는 잎사귀 보는 눈이 즐겁다. 나도 펼쳐들면 기분이 좋아지는 꿈 하나 간직하고 있다. 저 버찌처럼 당장 오도독하게 맺기를 바란다는 건 언감생심이지만 꿈은 꾸는 자의 몫이라 하니 한껏 가꾸어 보리라.

늦공부를 시작하던 해, 고향 인근에 토지를 마련한 게 있다. 남향으로 드넓은 바다도 품고 있어 아늑한 곳이다. 지금은 잡목과 가시덩굴이 우거져 볼품없지만 미래의 안식처인 전원주택을 지었다 허물고 또 짓기를 반복하는 곳이다.

올해는 밭 경계라도 단장해 볼 심산으로 옆집에서 은행나무 묘목과 제주 오갈피 여남은 그루를 얻어 왔다. 사시절 꽃을 피워 주는 울타리의 장미와 로즈마리도 삽목용으로 준비해 놓고 남편이 동조해 주기를 이제저제 기다리지만 관심이 없다는 듯 무반응이다.

나무에 물이 오르기 전에 작업해야 수월하다는데 미루적거리는 사이에 계절은 어느새 녹음이 짙어 간다. 스스로 나서서 하고자 했다면 서로 공감하며 재미라도 느낄 것을, 내가 재촉해 발걸음이 무거운 것 같지만 몸을 사리려고만 드니 한편 야속하기까지 하다.

봄나들이 겸 가 보자고 며칠을 조르자 간벌할 도구로 낫을 구입해 놓고도 어기댄다. 강다짐으로는 통할 것 같지 않아 막걸리 반주로 달래 캐어 넣고 라면 끓여 먹자며 아이 달래듯 살살거리자 신발 끈을 들메면서 또 볼멘소리다.

"일꾼에게 부탁하면 되는 일을 사서 고생하려 하네."

부풀었던 마음속 바람이 쉬익 빠지려 한다. 아니꼽고 다랍다.

"나 혼자만이라도 가야겠네."

"막걸리 갖고 간다니 같이 가지."

빠지려던 바람이 헛웃음으로 터진다. 이마에 주름이 몇 개 더 늘어 인상도 펴지지 않은 남편의 농군 차림이 어설프고 산만하다. 작업모를 썼지만 헐렁한 품이 금방 젖혀질 태세다.

흥미 없어 덤덤한 그이와 과대망상 증세인 듯 무작정 돌진하는 나, 돈키호테와 하인 산초처럼 현실과 이상의 간극이라고 해야 하나. 나는 넓은 정원을 끼고 있는 전원주택에 가는 것마냥 부풀어 있건만 남편은 오르지 못할 나무를 앞뒤 사정 안 가리고 오르려는 내가 한심하단다.

에멜무지로 꾸는 꿈일지언정 상상의 시간은 행복하겠거니 이해해 주면 안 될까. 대놓고 시큰둥이로 찬물 끼얹을 게 뭐람. 마음 놓고 애완견도 키우고 금방 낳은 따스한 계란의 온기도 느껴 보리라는 소망이 이루어지지 않은들 어떠랴.

동행해 준 것도 감지덕지라 여기며 주인이 된 후, 4년 만에 처음으로 밭에 들어섰다. 생각했던 것 이상으로 덤부렁듬쑥하다. 듬성듬성 서 있는 덩치 큰 소나무는 기세 좋게 허공을 장악해 있고 예제 가릴 것 없이 온갖 자잘한 잡목 군상들의 무질서한 사열에 정신이 산만하다. 무성의한 주인이라 홀대하며 밭 안으로 들어서는 것조차 용납하지 않으려 한다. 몇 년 전에는 눈 아래에서 하늘거렸는데 그새 몰라보게 자라 올라 거목들과 어깨를 겯는다.

중간 중간 누군가 콩과 토란 같은 작물을 재배했던 흔적도 보인다. 둘레를 끼고 있는 밭들은 귤나무며 무를 심고 가꾸어 새파란데 우리 밭만 어수선하다. 창피한 생각에 보는 이 없나 사방을 두리번거렸다. 아직은 전정하기에는 이른 시기이고 무 밭엔 겨울을 이긴 무들이 저들끼리 잎사귀 흔들며 수다를 떨고 있다.

몇 천 원짜리 낫 하나 들고 시작하는 미미한 작업이지만 준비해 온 나무와 꺾꽂이들을 양지바른 울타리에 심었다. 화초들이 험난한 환경에 적응하기를 바라며 시작한다는 데 의미를 두니 큰일을 이룬 것 마냥 뿌듯하다. 은행이 주렁주렁 열리고 장미와 로즈마리 향기 그윽한 뜰이 거기 있는 듯하다.

올해 초, 방송통신대학을 졸업하는 자리에서 기관장이 졸업식 축사 중, 우스개처럼 흘린 말에 귀가 번쩍했었다.

"아무리 훌륭하다는 대학을 졸업해 봐도 꿈을 펼쳐 보는 데는 들이대*가 가장 유용합디다."

남편은 집을 나설 때완 딴판으로 열심이다. 잡목들을 적군인 양 용감무쌍하게 쓰러뜨린다. 백전백승인 싸움에 재미를 붙인 모양이다. 남정네라 낫을 휘두르는 힘이 다르다. 지나간 자리가 뚫리니 운신의 폭이 넓어져 마음까지 시원하다.

나도 벼르던 일거리인지라 한두 시간은 풍차를 거인으로 알고 달려들었던 돈키호테처럼 마구 휘둘러 댔으나 겉불같이 사그라진다. 눈앞에 거인들이 떡 버텨 있는 듯하다. 시작은 용기백배였으나 힘이 빠지니 잡목 제거는 안중에 없고 헛짓만 벌였다. 바위를 끼고 자라는 나무 곁에 주저앉아 정원을 장식할 멋진 분재를 만들어도 보고 아직 잎도 돋지 않은 찔레와 청미래 덩굴로 야생화 터널을 꾸며 보는 재미 또한 쏠쏠했다. 휘저어 오르내리며 부질없는 상상만 해대는 나에 반해 남편은 밭 경계를 거침없이 뚫고 나아간다. 재미가 붙었는가.

"역시 남자라 다르네."

내 추임새에 힘이 더 나는지 내리치는 솜씨가 잽싸다. 미끈한 각선미의 잡목들이 연달아 벌렁벌렁 드러눕는다. 다가가는 족족 굴복당하는 그네들을 넘나드는 쾌감에선가 얼굴이 벌그레하다. 이런 기세라면 내일은 나보다 먼저 나서서 보무도 당당하게 들이댈 것 같다.

이 봄, 들이대는 자리마다 말간 햇살이 쏟아져 내린다. 꿈을 심을 밭이 두렷하게 열린다.

* 들이대~ 들이대다.: '맞서서 달려들다'의 은어적인 표현임.

깡순이의 둥가타령

원 없이 달려 보았다. 계절 좋은 오월이라 더 신이 났다.

영산강 길 자전거 투어를 준비하며 바퀴를 해체하여 박스에 옴쳐 담을 때는 울상이던 애마도 광주공항 야외 주차장에서 몸 펴 주니 타고난 근육질 탱탱하게 내보인다. 빨간 두 바퀴도 신발 끈 잔뜩 동여맨 마라톤 선수마냥 내달릴 기세 또한 등등하다.

열여섯 남녀 일행 중 제일 연상인 내게 선두 바로 다음 자리를 배정해 준다. 선두 뒤에서 달리게 하는 데는 다 이유가 있다. 심리적으로 힘이 덜 들게 하려는 배려다. 무릇 일상사가 그러하겠지만 특히 자전거 라이딩은 뒤처지기 시작하면 따라잡기가 힘이 든다.

일행들과 보조를 잘 맞춰야 할 텐데, 나로 인해 여행 일정에 폐가

될까 봐 걱정도 많이 했다. 마음이 앓으니 몸도 앓았는지 오기 전날까지도 몸살로 꼼짝을 못해서 온종일 누워 있었는데 거짓말같이 거뜬해졌다. 내 몸을 나도 믿지 못하겠다.

광주공항을 나서서 얼마간 달리니 완주할 자신이 붙는다. 콧노래도 절로 나온다. 광주에서 송정 떡갈비를 무시하고 지나치는 건 여행자 도리가 아니라며 떡갈비로 이른 점심들을 챙긴 후, 담양으로 향했다.

어떤 일이건 난관은 있다. 제각각이면서 한몸같이 일사불란하게 움직여야 하는 자전거 라이딩은 고비마다 안전사고가 도사려 있게 마련이다. 중간 중간 길을 잘못 들어 오르락내리락 하는 건 부지기수였지만 오후 들어 대형사고로 이어질 뻔한 일이 벌어졌다. 내 앞에서 순식간에 일어난 일이라 숨넘어가는 줄 알았다. 그녀는 오르막에서 꺾어 들며 지지대로 세운 통을 핸들 끝으로 슬쩍 건드린 것까지는 기억나는데 그 다음은 까마득하단다. 다행히 상의 옆구리와 소매 쪽만 바위에 스치며 찢어졌을 뿐 몸은 멀쩡했다.

오르막 경사이면서 기역자로 휘어진 강둑을 정비하는 곳인데 공사가 중지된 곳이었다. 안전장치라고 해놓은 게 호스 줄로 플라스틱 빈 통을 엮어 세우기만 했으니, 그 아래 10미터는 족히 넘는 낭떠러지 강물에 추락했으면 어쩔 뻔했는가.

다행히 자전거와 같이 굴러 떨어지다가 자전거바퀴에 줄이 걸려 대롱 매달렸고 핸들을 놓지 않은 그녀도 같이 매달려 있었다. 커다란 암석으로 층층이 보를 쌓는 중이었으니 더 말해 무엇 하랴. 대여섯 개의 드럼통이 강으로 떨어지며 암석에 부딪친 충격으로 뚜껑이 열린 채 둥둥 떠다녔다. 통에 모래나 물을 채워 넣어도 도로 폭이 좁아 위험한 곳인데 바람만 불어도 무너질 플라스틱 빈 통을 건성으로 세워놓기만 하다니.

정작 사고를 당한 동료는 자전거의 이상 유무를 살피는 여유를 보이며 우리를 안심시키는데 나는 주저앉아 일어설 힘조차도 없었다. 동료들이 넋 들여야 한다고 머리에 물을 뿌리며 '넋 들라 넋 들라.' 해 준다. 몸은 가냘팠지만 강심장인 E 여인이 무사한 게 그렇게 고마울 수가 없었다. '하느님, 부처님, 감사합니다.'

해 질 녘까지 달리니 자전거길 양옆으로 대나무가 가지런히 자라는 담양에 접어들었다. 영산강 자전거길이 만들어진 지 얼마 안 돼서 아직은 대나무 숲이 울창하진 않지만 성목이 되면 꽤 볼만한 거리 풍경으로 지역 색깔이 뚜렷하겠다. 공룡과 함께 살았던 화석식물로 불린다는 메타세쿼이아 길을 뒤로하고 담양 숙소를 눈앞에 둔 곳에 이르니 전국 각설이들 잔치가 한창이다. 여행 중에 이런 곳을 발견하면 여흥 거리로 딱 제격이다. 저녁을 먹은 후, 그곳에 가 보니 역시 전라도는 흥이 넘실대는 지역이라 사람들이 야외무대 주위에 빽빽하다. 더러는 장타령꾼들의 장단에 어깨를 들썩이고 있다. 제주의 각설이도 원정 왔다며 우리에게 덤이라며 호박엿 하나를 더 얹어준다. 첫날 40여 킬로미터의 마감은 〈각설이타령〉이 있어 뒤풀이로 감칠맛을 더한 날이다.

다음날 담양에서 목포항까지 여정이다. 130여 킬로미터라고 하지만 비가 예보되어 있는 데다 바람까지 역풍이면 내 체력으로 완주할 수 있을까, 걱정이 앞선다. 먹장구름이 자전거 바퀴에 감기는 듯 시야가 자욱했지만 아까시 향이 그새 단장하고 나를 맞이하니 힘이 솟는다.

날씨야 울상이건 말건 내 기분은 화창하다. 읍내를 벗어나니 시골길이 우툴두툴 자전거를 춤추게 한다. 피하지 못하면 즐겨야 하리. 나는 어느 가수가 부른 〈어느 멋진 날〉에 맞춰 살사의 율동을 떠올리며 요동치는 애마에게 몸을 맡겼다. "햇살 높은 하늘이 아침을 깨우면 행복은 눈부셔. 손을 내밀면 어느새 너는 코앞에서 웃고 있잖아. 세상 수많은 인연 가운데 널 만나 비로소 사랑을 알았지. 언제까지나 오늘 같다면, 이렇게 살았으면…."

하늘이 도왔는지 날씨는 말짱 개고 바람도 잔잔하다. 강둑이든 논둑이든 달리는 곳마다 함박눈 같은 아까시 꽃잎이 내 흥얼거림에 맞춰 흐르고 향기도 따라 흘러든다. 긴장의 끈은 핸들을 잡은 손과 페달 위에 얹은 발에게 '단단히 잡아라.' 일러놓고 내 마음과 몸은 애마가 이끄는 대로 살사에 취해 바람을 안은 물결처럼 출렁이며 나아갔다.

10년 전 늦은 나이에 처음 자전거를 배울 때가 생각난다. 끌고 걷는 것도 서툴러서 두어 시간을 익숙할 때까지 공원 운동장을 빙

빙 끌고 다녔다. 그 후에도 몸치인지라 근 한 달이 넘도록 안장에 안착조차 못해서 얼마나 애를 먹었나. 그 사이에 무릎이 성한 날이 없었던 건 말해 무엇 하리. 지금 목포항을 향해 폭풍처럼 때로는 여유롭게 달리고 있는 나 자신이 대견하다.

자전거 길을 사이에 두고 나주의 황포돛배 선착장과 마주하고 있는 홍어거리에서 홍어로 만든 음식을 두루 먹으며 오전 내내 혹사당한 다리를 쉬게 했다. 나주평야, 그 끝없이 펼쳐진 논두길을 달렸더니 도착지까지 반은 왔다고 한다. 시작이 반이라지만 갈 길이 아득하긴 하다. 이번 자전거길 중에 제일 난 코스인 느러지 언덕, 경사가 만만치 않은 오르막에서는 힘이 다 소진되어 자전거를 끌면서 올랐지만 달려온 길은 나에게 정복당했고, 나아갈 길은 기필코 제압할 거다.

선두 그룹을 놓치지 않으려고 악바리같이 달리고 달렸더니 일행 중, 누군가가 나보고 깡순이라 한다. 일행 모두가 박수까지 치며 동조한다. 놀림인지, 칭찬인지, 헷갈리지만 싫지는 않았다.

영산강 하구로 들어서니 여유가 생긴다. 한숨 돌리고 나서 영산석조를 배경으로 사진을 찍어 남편에게 보냈다. 덧붙여 이번 여행에서 깡순이 별명을 얻었다고 했더니 '그 근성 어디 가냐.'고 한마디 띄운다. 목표 지점이 얼마 남지 않아 달뜬 기분이니 남편의 말도 응원으로 들린다.

몇 십 킬로미터만 더 가면 목포항이라 한다. 자정에 목포에서 배를 타면 내일 아침 여섯 시면 제주 도착이라니 고단한 몸 쭉 펴고 잠자는 일만 남았다. 영산강 자전거 길을 굽이굽이 돌다보니 풍류의 고장, 남도 여행을 마칠 시간이 서서히 다가온다.

항구에 어둠이 내린다. 코앞 항구로 접어드는 길이 울퉁불퉁 험해서 긴장을 늦출 수가 없다.

나의 애마는 아직도 힘이 넘쳐나는지 제 흥에 겨워 등에 태운 나를 둥가둥가 해 준다. 깡순이도 둥가타령 한 곡조 목청껏 뽑아 화답해야겠다. '에헤야 둥가! 어허허 둥가! 내 사랑이로구나.'

칠월의 목련

장마 끝의 폭염으로 대지가 흐느적거리는 한낮. 불볕더위를 탐닉하듯 원반 같은 잎사귀 펼쳐들고 의기충천해 있는 목련나무에 눈길이 머문다. 잎 사이로는 때늦은 자색 선연한 꽃까지 피웠다. 이른 봄 피었던 꽃보다 더 선명하다. 잎사귀 비집고 수줍은 듯 듬성듬성 피니 더 귀해 뵈고 신통하다.

그전 살던 집의 목련나무 이야기다. 이젠 남의 집이 되어 버렸지만 첫사랑 연인의 집을 지날 때처럼 그 근처를 지날 때면 시선은 늘 목련에 머문다. 찬거리를 사러 다닐 때도 일부러 그 길을 택해서 다니며 나무에 말 걸기를 한다.

올해도 이른 봄에 서너 번 그 길을 지났건만 올해 봄은 온 듯

안 온 듯 지나버리니 어느 사이에 목련꽃도 허무하게 떨어져 버렸다. 피었는가 하면 우수수 져 버리는 목련, '가인박명'이라고 인생을 짧게 살다간 한이 많은 여인 같아 늘 애석했다.

봄이 오는 소리와 함께 꽃은 져 버리지만 잎이 무성한 여름의 절정에서 이미 다음 해의 꽃봉오리를 만드는 목련, 겨울까지 세 계절을 두고 봉오리 옹골차게 돋운다. 겨울에는 회갈색 솜털로 감싸 안고 추위를 견디며 임 오실 북쪽 향해 개화를 기다리는 인내도 가상하다. 앙상한 가지 끝에 매달려 한겨울을 버텼다가 꽃 피우는가 하면 떨어지고 마는 아쉬움을 머금는 꽃. 봄의 전령사로 일찍 왔다가 꽃샘추위에 까맣게 얼어서 허무하게 허물어져 버리기도 했다. 뭐가 그리 급해서 일시에 다투듯 피었다가 순식간에 지고 마는지.

그에 반해 요사이 핀 목련은 근력이 대단하다. 칠월 들어 세차게 내린 장대비와 더위에도 아랑곳없이 버티는 근기가 놀랍다. 세찬 여름비가 쏟아진 후, 후텁지근한 열기를 정수리에 내리 퍼부어대도 끄떡하지 않고 외려 즐기는 듯하다. 열흘이 지났는데도 뽐내는 자태가 여전하더니 오늘은 지는 게 아쉬운 듯 꽃잎 두어 장을 넓은 잎사귀에 툭툭 내걸쳤다. 떨어진 꽃잎조차 넓적한 잎사귀에 나앉아 오수를 즐기는 모습이다.

칠월의 목련은 때늦은 한여름에 피었지만 서두르지 않고 느긋하다. 30도를 오르내려도 아랑곳없이 여유작작하고 한가롭기만 하다. 무더위를 즐기는 듯 화사하게 핀 목련꽃을 보며 내 모습을 들여다

본다.

'돋우고 뛰어 봐도 복사뼈'라는 속담처럼 늘그막에야 택한 학업의 봉오리 키우려 허덕여도 배움의 길목은 늘, 빈 가지 사이로 빠져나가는 썰렁한 갈바람이라 내 안에 머물지 않는다. 헛헛한 배고픔을 벗어나지 못한다. 이왕지사 늦었으니 인내에 향기나 품을 수 있었으면 좋겠다.

칠월의 목련처럼 그렇게.

물허벅

간혹 무섭게 쫓겨 다니는 꿈을 꾼다. 그런 꿈을 꾼 날은 몸이 노곤하고 힘겹다. 악령이 나에게 해를 끼칠 것 같은 샤머니즘적 불안을 느끼기도 한다. 어젯밤에도 웬 생뚱맞은 꿈이 나를 괴롭혔다. 우물에서 물 긷는다고 두레박을 수없이 끌어올리며 애쓰다가 오밤중에 깼다. 장마 날씨와 더불어 침침한 공기가 하루를 우울하게 만든다.

물 긷는 두레박을 떠올리면 트라우마까지는 아니지만 지금도 마음 저릿하다. 열두어 살 어릴 적, 아홉 식구가 먹을 물을 부엌 항아리에 끊임없이 채워놓는 건 지금 와서 떠올려도 힘든 일이었다. 샘솟는 물을 먹는 이웃 마을 아이들이 부러웠다. 우리 마을은 샘물은 고사하고 비가 올 때라도 물이 불어 내리는 건천조차 없다. 그야말로 물이 바싹 마른 동네다.

우리 집에서 오십 미터쯤에 우물이 있었다. 그곳은 어른도 열 발의 밧줄을 사려야 할 정도로 웅숭깊은 우물이다. 그렇게 깊건만 바다에 썰물 때면 물이 말라버려 동동거리기도 했다. 어른들은 마을에 생명수나 다름없었기에 주위를 정리하고 가꿨지만 어린 나에겐 아득한 어둠의 비밀이 숨겨진 곳이었다. 우물엔 달과 별도 놀러 오지 않았고 해도 거들떠보지 않았다.

누구는 뱀이 우물에서 우는 소리를 들었다고도 했다. 어둑한 저녁시간에 물 길러 가려면 찡찡거리는 내게 어머니는 당치도 않은 말이라고 하셨지만, 뱀이 두레박에 몸을 사리고 있지 않나 두려워 두레박을 올리지 못하고 머뭇거린 적도 있었다. 어렵게 물 긷던 유년은 멀리 사라져 버렸으니 좀 좋은가마는.

십수 년도 안 됐다. 격세감을 느끼는 요즘이다. 클린하우스 재활용품 통은 빈 생수통으로 넘쳐 난다. 세상 얼마나 좋아졌는가. 제주 삼다수란 이름으로 파랗고 세련된 얼굴 내보였을 때, 제주에서 누가 물을 돈 주고 사먹겠나 했다. 수도꼭지만 틀면 콸콸 쏟아지는 게 제주 청정수라 하던 시절이 엊그제 같은데 요즘은 나도 된장 담글 때나 물김치 만들 때면 으레 생수를 사서 쓴다. 여행할 때는 우리 땅에서 한 방울도 나지 않는 기름보다 비싼 물을 사서 마신다.

꿈에까지 나타나 괴롭힐 정도였던 밧줄과 두레박은 양철통에 나무로 걸개를 했다. 우물이 깊어 위험하니 안전을 고려한 거였겠지만 내 가슴 위까지 올라온 둥근 우물 턱 때문에 밧줄을 질질 끌며 올릴 수밖에 없었다. 두레박이 벽에 텅텅 부딪치며 올라온 물은 늘 바닥을 보였다. 밧줄도 식물 줄기로 꼬아서 두툴두툴 거칠고 얼마나 무거웠나.

오십 년 전만 해도 시골에서는 생필품을 만들어 쓰는 게 많았다. 그중, 신서란이라는 식물도 자급자족하는 데 매우 유용한 재료였다. 제주말로는 신사라라 하며 집 올레나 텃밭 둘레에 심어서 밧줄을 꼬거나 짚신 삼을 때 썼다.

여러해살이인 신서란은 제주도에서만 자란다. 용설란 비슷하지만 잎이 섬유질 덩어리여도 나긋나긋하다. 요즘 흔한 나일론 끈의 실용성에야 비기지 못하지만 밧줄이나 여러 농기구들을 만들면 질기고 탄력도 있었다. 할아버지는 틈만 나면 묵은 잎을 뜯어서 평평한 돌 위에 놓고 덩드렁막개*로 눅지근하게 두드리고 말렸다가 용도에 따라 쓸 줄을 만들어 치렁치렁 처마에 매달았고 아버지도 얼마간은 그 작업을 했다.

밧줄이 길고 굵어서 그랬는지, 폭이 좁고 깊은 우물이 문제였는지 모르겠다. 지금 되돌아보니 허벅에 물을 채우려고 수십 번 오르내리다보면 물먹어 축 늘어진 밧줄 따라 우물 안으로 빨려 들어가지 않은 게 다행이었지 싶다. 부모님의 억척스러운 삶과 함께 휩쓸렸던 가여운 유년의 기억들이 한 편의 모노드라마로 펼쳐진다.

신데렐라 동화에서는 채워지지 않는 물 항아리를 안타깝게 여겨

두꺼비가 등으로 막아 줬다지만 비 오듯 새는 두레박은 어머니의 지갑을 열어야만 했다. 하지만 어른이라 재빠르게 밧줄을 들어올리면 반 이상은 남아 있었으니 맵짠 지갑을 열어 새 두레박으로 바꿀 리 만무였다. 내 기억에는 새 두레박으로 바꾸기 전에 우리 집 앞에 공동수도가 들어왔고 나는 우물의 물을 긷지 않게 되어서 마냥 좋았다. 우물 안에서 두~웅~둥 울리던 어둠의 소리도 곧 잊어버렸다.

글쓰기라는 허벅을 우물가에 내려놓고 몇 년이 흘렀다. 매번 채우지 못한 물허벅을 지고 휘청휘청 걸어왔다. 허벅은 뾰족한 부리 위까지 가득 물을 넣지 않으면 물구덕*을 지고서 걸을 수가 없다. 한 움큼만 모자라도 물 따라 몸도 출렁이고 물이 꿀렁꿀렁 튕겨 나간다. 허벅의 물이 요동침에 헛발을 디딜 정도다. 제대로 걸으려면 '길어 올려 채워야' 한다. 가득히.

글 하나를 완성하려고 매달려 보지만 도무지 채워지지 않는다. 찌그러져 사방으로 헛물이 되는 두레박으로 열 길 속, 물을 수없이 길어 올려도 허벅에 차오르지 않았을 때의 막연함, 그 심정이다. 돋보기의 힘으로 글자를 잡아 주던 눈도, 쉬고 싶다고 부옇게 막을 씌워 버린다. 마음의 앞섶은 이리저리 차이고 방황하며 뒹굴다 축 처져 추레하다.

우물가 턱은 키 작은 나에겐 거치적거려 밧줄 사리는 팔을 자유롭게 움직이지 못하게 했지만 두레박을 우물에 담고 처음 들어올릴 때는 듬직해서 힘이 났다. 올라오면서 우물 안벽에 이리저리 부딪치다 보면 쪽박에 든 물처럼 출랑거릴 뿐. 글쓰기도 처음 떠오른 발상대로 끌고 간다면 한 허벅 금방 찰 것 같은데, 물 긷기의 기본인 두레박과 밧줄을 제대로 갖추지 못한 나의 글줄은 온갖 모서리에 차이다 종당엔 꼬꾸라지고 만다.

튼튼한 밧줄과 새지 않는 두레박이 있어야 한다. 어릴 때 체득했으니 밧줄은 가벼울수록 좋겠다. 너무 굵지도 않고 가늘지도 않게 손아귀에 딱 들어맞아야 한다. 밧줄을 잘 다듬어서 꼬아야 거칠고 험난한 작업에도 상처가 나지 않을 게다. 길어 올리려는 의지와 양팔에 힘을 고르게 가늠하는 지혜도 길러야겠지.

두레박은 어떤가. 중심을 잘 잡아 밧줄에 옭아매야 출렁거리지 않을 테다. 내 분수에 맞게 담길 크기면 족하다. 무겁지도 않고 너무 가벼워 들뜨지 않게 무게를 잡아 주면 될 성싶다. 두레박을 덜 출렁이게 하고 깊은 우물 속 밧줄을 끌어올리려면 리듬도 필요하겠지. 우물 테두리에 밧줄을 착착 내리치며 사려 올리면 반듯하게 정렬이 되는 이치는 벌써 터득해서 안다. 항아리에 물이 바닥나지 않게 계속 채워 넣으려면 싫증나지 않을 끈기에 체력도 받쳐 주어야 하리라. 허벅에 온전히 담길 때까지 버텨 낼 수 있어야 할 게다.

언제면 열두어 살 즈음의 내 키도 좀 자라 글 떠올림이 수월해질까.

* 덩드렁막개: 둥그렇고 무게 있게 만든 나무 방망이. (제주어)
* 물구덕: 물허벅을 넣어서 지고 다닐 수 있게 만든 바구니. (제주어)

2부

배또롱 아래 선그뭇 덕

여성으로 태어난 어려움을 보듬어 안고, '배또롱 아래 선 그뭇 덕'이라며 적극적으로 삶을 개척한 여신이여, 나에게도 나리시기를.

배또롱 아래 선그믓 덕

'가믄장이처럼.' 늘 마음속에 지니고 있던 어휘 한 구절이다. 가훈을 써 주는 행사장에서 평소에 존경하는 H 서예가님께 '써 주십사' 하며 쪽지를 내밀었더니 신화의 내력을 알고 있다며 힘찬 필체로 써 주셨다. 정월대보름 들불축제장에서 자원봉사 할 때, 나의 좌우명을 받던 날 이야기다.

'가믄장이처럼 적극적이고 자의식 강하게 살고파.'

책상 유리덮개 밑에 눈길 줄 때면 여무지게 되받아 주는 말이다. 볼 때마다 새롭게 다가오는 건 그녀의 올찬 매력 때문이리.

대개의 사람들은 인생의 목표나 행동지침을 좌우명으로 정하여 실천하려 애쓴다. 자신의 삶을 성찰하는 데 기준을 두거나 욕구와

충동을 조절하고 인생의 지침이 되길 바라는 데 초점을 맞추기도 한다. 자아를 실현할 길을 찾으려 함이리라.

내 안에만 머물려는 성격이라 남 앞에 나서는 게 두려웠다. 외유내강형이라며 스스로에게 용기를 북돋아 봐도 사람들 앞에서는 말도 제대로 못했기에 스스로 강해지고픈 마음에 여장부 같은 가믄장이를 닮고 싶었나 보다.

지금은 육십 고개를 넘으니 소극적인 성격은 많이 변했다. 오히려 수다스러운 아낙네인 나를 발견해서 화들짝 놀라기도 한다. 사회성도 유연해졌고 군중이 모인 자리에서도 어색하지 않게 인사할 정도인 건, 당찬 신을 좋아한 것도 한몫하지 않았나 생각 들기도 한다. 신화 속 여신이지만 흠모하는 마음 가득하다. 신흥종교가 수없이 탄생하고 소멸하는 이유를 알 것 같다.

그녀는 제주 무속 삼공본풀이에 등장하는 운명의 신이다. 가난과 여자라는 이중고를 헤쳐 나가야 하는 숙명적인 여신이기에 부모님 덕에 잘 산다는 두 언니와는 달리, '내 배또롱 아래 선 그믓* 덕'으로 잘 사노라고 당당하게 선언한다. 운명은 태어날 때부터 점지되는 게 아니고 스스로 개척해 나가는 것임을 알림이리라. 아득한 시절, 신화 속 여인이지만 얼마나 당차고 진취적인가.

'여성의 성(sex) 덕에 산다.'라는 것은 여자의 운명을 올곧게 받아들이겠다는 뜻일 게다. 부모님의 노여움으로 인해 집에서 쫓겨난 그녀였지만 홀어머니와 아들 셋이 근근이 사는 집에 묵으며 서로의 이해 관계를 헤아리는 슬기 또한 남달랐다.

"나랑 같이 누울 아들을 주십서."

여자의 몸이지만 막내 마퉁이를 그의 어머니에게 달라고 한다. 마퉁이는 띠앗끼리도 신뢰가 깊고 효를 제대로 실천하며 고정관념을 버릴 줄 아는 드레진 남자였다. 그녀는 앞날을 꿰뚫어 보는 예지와 정확한 사리분별로 배우자를 택한다. 이 대목 또한 신여성을 보는 것 같다.

여성임을 장점으로 내세우며 삶을 스스로 헤쳐 가는 이 신화는 자연에 의지할 수밖에 없었던 나약한 인간들에게 자아실현의 메시지를 던져 주려 한 것이리라. 남녀평등사상까지 보여준 것도 여성상위 시대를 부르짖고 있는 것도 예사로이 보이지 않는다.

내 덕에 내가 산다는 것, 얼마나 자아중심적인 삶인가. 남편감을 눈여겨보고 선택하는 기지와, 그를 부추겨 가정의 부를 성취해 내는 가부장 역할까지 거뜬히 해내는 가믄장이. 부모님을 찾기 위해 거지 잔치를 열어 효를 베풀었고, 부를 사회에 환원하는 거시적 안목도 돋보인다. 여성들의 자존을 세워 주며 인간적인 냄새 물씬 풍기지 않나.

'선 그뭇'은 수많은 상징을 내포한다. 그것은 잉태라는 육체적 여성성의 상징이기도 하지만, 여성이 창조할 수 있는 새로운 세계로의 발돋움이기도 하리라. 운명을 가름하는 신답게 역경에도 뒤물러서지 않고 꿋꿋이 살아가는 여인, 생을 적극적이고 당당하게 꾸리는 가믄장이를 알고 나면 그녀를 좋아하지 않을 이 없으리. 그들 중 한 사람, 제주 여자인 나도 그녀를 떠올리면 어깨가 으쓱 올라가는 걸.

신화에는 삶의 진실과 기발한 상상력이 담겨 있다. 인류 지성이 농축된 문화의 보고이기도 하다. 전승되어 오면서 허구적인 소재가 가미되기도 하지만 신성성과 함께 수천 년의 경험에서 얻은 지혜의 샘물이 가득 고여 있다.

카렌 암스트롱도 '축의 시대'는 자연의 힘을 경배하던 시선을 안으로 돌려, 이상적이며 원형적인 자아를 통찰했던 정신문명의 시대라고 정의했다. 그는 내면의 신을 탐구하며 인간적 자아성찰을 이뤘던 기원전 시대정신에 우리들은 아직도 닿지 못한다고 역설한다. 여자들에게 무관심한 것이 가장 큰 결함이라고 성토한 부분도 마음에 와 닿는다.

일만 팔천여 신들 중 유독 여신이 많은 제주, 그중에서도 가믄장이 신화는 여간 자랑스럽지 않다. 그녀를 내 인생 길잡이로 삼는 이유 중 하나다.

여성으로 태어난 어려움을 보듬어 안고, '배또롱 아래 선 그뭇 덕' 이라며 적극적으로 삶을 개척한 여신이여, 나에게도 나리시기를.

* 배또롱 아래 선 그뭇: '배꼽 밑 여성의 성'을 지칭하는 제주어.

관곶에 누워

문학동인들끼리의 만남, 1박 2일 워크숍 날이다. 조천바닷가, 관곶을 지척에 두고 있는 곳에 우리는 여장을 풀었다. 오후부터 뒷날 오전까지 작품 토론이 열 시간 정도 걸릴 거라는 편집장님 말에 시작 전부터 허리는 뻣뻣해 오지만 야외 삼겹살구이와 막걸리가 있는 저녁시간은 은근히 기다려진다.

서로의 작품을 논하는 시간, 어휘 한마디를 지적 당한 내가 궁한 나머지 "그냥 그렇게 써 봤습니다."라는 얼버무렸더니 "삶의 진실을 치열하게 탐구한다."를 잊었나요. 자기 글에 무책임한 답변은 금물입니다."

'수필의 새 패러다임 창출'이라는 표방 아래 뭉친 동인들 틈에서 내 신경은 트랙을 달리는 선수가 되지 않을 수 없다. 제각각 회심의 작품을 쏘시개 삼아 불길 같은 토론이 이틀에 걸쳐 이어질 것이다.

밤이 깊어서야 1차 작품토론은 끝냈지만 갯가 물결들의 소곤거림과 어화 만발한 밤바다를 두고 잠자리에 들 수 있으랴. 집어등 불빛 아래 고기 낚는 어부들처럼 우리도 오밤중 이슥토록 서로의 향기로운 정서를 낚아 올리는 재미에 빠졌다.

이튿날 새벽, 잠옷으로 입었던 홈드레스 차림으로 코앞 바닷가로 향했다. 회원들도 앞서 산책길로 접어든 게 어스레하게 보이지만 나는 그들과 합류하지 않았다. 미리 점찍어 놓은 곳. 어제부터 줄곧 생각했던 관곶에 가고 싶었기 때문이다.

발목 아래까지 낭창거리는 치맛자락을 걷어 올리며 갯가를 지나 관곶에 다다랐다. 어제 이래, 오늘도 바람은 잔잔했지만 엄장*에 와서 부딪치는 파도는 역동적이다. 섬 끝에 서서, 저 끝 바다로 눈을 돌리니 관탈섬일 것 같은 형상은 수평선에 옭매어 있고 적요는 바다 위를 유유히 거닌다.

주위가 눈에 들어올 즈음 내가 서 있는 발밑 바위를 보니 아기요람처럼 생겼다. 바다를 향해 비스듬하게 기울어져 있기까지 하다. 누워 보았다. 갯바람이 짓궂게 원피스 앞자락을 들춰대니 허벅지가 드러난다. 잠자리에서 엉겁결에 나오며 위에서 밑에까지 단추로 채워서 입는 옷을 다 여미지 못한 걸 알았지만 아무려면 어떤가,

사방엔 입 무거운 바위와 허공과 나밖에 없고 물결도 잠이 덜 깼는지 몽롱한 걸. 시원하기만 하다.

서 있을 때는 우락부락한 바위가 발을 헛디디기만 해봐라 하는 듯 벼르더니 누우니 포근히 품어준다. 무릎 밑으로는 받쳐지지 않아 두 다리는 가들막거리지만 거대한 바위가 요람 되어 흔들리는 착각에 빠진다. 물결이 흔들어주는 느낌에 눈을 슬며시 감았다. 홀로라서 더 행복한 동요 속 섬집 아기가 되어버리는 나.

순간, 호탕한 웃음소리에 화들짝 눈을 떴다. 하얀 글자들이 내 눈높이 허공에 난무하다. 우람한 바위에 부딪치며 날리는 물보라들이 글자로, 소리로, 보이고 들렸다.

푸 하 하 하!

몸으로 말을 하는 건 들어보았지만 파도가 글자까지 날리다니. 글자에는 혼이 있고 소리에는 숨이 있다지. 도로 아낙네로 돌아와 버린 나는 허벅다리 위까지 말려 올라간 치마를 얼른 내리며 매무시를 고쳤다. 조신하게 앉았지만 파도는 엉장을 간헐적으로 얼싸안으며 푸진 웃음을 하얗게 날린다. 웃고 싶으면 맘껏 웃어 보라지. 건건찝찔하지만 얼굴에서 톡톡 터지는 물보라들 웃음에 나도 따라 해죽거렸다.

이른 새벽 난데없이 들이닥쳐서 아기놀이 하는 여인네 행동거지가 그렇게 웃겼나. 아니면 발칙하게 허여멀건 다리를 어디에다 내발기냐며 큰 기침이라도 날리는가.

아무려면 이런 기회가 다시 올까 싶어 도로 돌 요람에 누웠다. 무릎을 편히 뻗으니 해풍이 숨박질하는 소년처럼 치마 속을 파고들어 오두방정 떨며 가슴께를 스친다. 우두망찰하게 당한 게 아니라 내심 나의 의도라서 묘한 희열에 빠진다. 두 점 속옷은 입으나 마나 걸치레다.

여기, 관곶은 속옷 때문에 한이 많은 곳인데…….

명주 한 통이 모자랐단다. 설문대할망의 소원인, 속옷 한 벌 만들 여력 없이 빈곤하고 불쌍했던 제주사람들이었다. 가난과 고립을 떨치고픈 염원과 이루지 못한 좌절이 교차하는 시작점이자 미완이 서린 섬의 끝자락에 누우니 보인다.

그럼 그렇지. 신화가 살아있는 섬 제주의 여신은 결코 외면하지 않았네. 신화의 터전에서 역사로 이어 오는 동안 거대한 다리는 이미 놓여 있다. 시도 때도 없이 오르내리는 여객기와 제주 바다를 가르는 대형 크루즈선이 그 다리를 쉼 없이 오간다.

이른 아침이건만 불더위를 품고 있는 동녘은 벌겋고 내 얼굴은 상기되어 발갛다. 서둘러 숙소에 와 보니 여러 통의 부재중 전화가 떠 있다. 이어 내 뒤에서 들리는 말,

"갯가에 서 있는 것은 봤는데 갑자기 안 보여서 걱정했어요. 어디 있었어요?"

아침부터 회원들에게 걱정은 끼쳐드렸지만 기분이 우렁우렁하고

가슴도 울렁거리는 게 입덧 난 여인처럼 심상치 않다.

나, 관곶에 누웠다가 회임했나 봐.

* 엄장: 해안 낭떠러지 (제주어)

나이아가라

변한 게 없다. 말발굽 같은 폭포는 제 키보다 더 높이 물안개를 들어올리며 으르렁거리고 있다. 이십 년 전에도 그랬듯이 포효하며 천둥소리를 날린다. 선착장으로 들어오는 길목도 허리 굽은 노인인 양 구부러진 그대로 더 늙지 않았다. 안개의 숙녀호도 나긋한 이름 같지 않게 폭포수에 맞설 기세가 예나 다름없이 꿋꿋하다.

달라진 건 나다. 전에 왔을 때는 청청한 한여름이었고 시간대도 대낮이며 젊음이 있었다. 벌떼 같은 친구 이십여 명이 같이 왔었으니 말해 무엇 하랴. 물보라를 뒤집어써서 옷이 흠뻑 젖어도 아랑곳없이 배 위에서 날뛰었지. 배를 타고 폭포 바로 밑에서 물보라를 맞으며 '나이야 가라! 나이야 가라!' 목이 터져라 소리 질렀었다. 이 말의 뉘앙스를 알 리 없는 이국인들이 쳐다보면서 웃거나 힐끗거려도 개의치 않았다. 원기 충천한 제주의 여성 지도자들이 모처럼의 나들이라 주위의 시선은 안중에도 없었다.

지금, 환갑 지나 몇 년이 더 흘렀다. 그 자리에서 그때를 회상해 보니 내 말을 어김없이 들어 준 세월이 야속하기만 하다. 나이 사십 줄일지언정 멈춰 달라고 통사정해도 모자랄 판인데 '나이야, 가 달라.'고 목매게 외쳤으니 그리 빨리 가지 않을 수가 있었겠나.

쏜살같이 지나버린 이십 년이여. 아깝다, 아까워.

이번 여행은 남편의 고희를 맞아 단둘이 왔다는 것에 더해 여행 일정이 늦가을이라 날씨도 오스스한 데다 승선한 시간도 저녁 5시, 하루의 막바지다. 어쩜 이렇게 짜 맞춘 것같이 모든 게 석양 기우는 늙음뿐인가. 이러니 시작부터 여정은 소슬했지만 여행의 기회는 무조건 잡아야 하는 것. 두 번째라 신비함은 덜하지만 나이아가라 여행의 재미는 배를 타고 폭포 바로 밑까지 가서 물보라 속에 잠겨 보는 게 백미 아닌가. 그때, 와 닿았던 물방울들의 싱그러움을 떠올려 본다.

왁자지껄한 틈바구니에서 해가 떨어지면 탑승할 수 없고 앞으로 운행할 배도 2척뿐이라는 안내자의 말에 신속하게 움직였다. 남편이 그렇게 타보고 싶던 안개의 숙녀호에 승선하려고 우리는 앞서거니 뒤서거니 빠른 걸음으로 선착장까지 갔다.

허겁지겁 배에 오른 다음 우비 단추를 여미며 남편을 찾았다. 승선을 기다리며 내 뒤에 분명히 있었는데, 배 안에 보이지 않는다. 두리번거리다 멀리 선착장을 봤더니 아뿔싸. 남편은 다음 배를 기다리며 서 있지 않은가. 마지막 정원이 나인 걸 모르고 달려온 나나, 혼자 보내지 않으려 다음에 탑승하자고 부르지 않은 남편이나 거기서 거기니 누가 누구를 탓하랴.

서로 발 묶고 달리는 릴레이처럼 부부도 똑같은 인생길을 갈 수만은 없겠지만 같이 탑승 못한 게 그렇게 서운할 줄이야. 어려운 시절, 폭풍 휘몰아쳐도 곁에 버팀목인 남편이 있어 줘서 잘 헤쳐 왔지 않은가. 이 기회에 폭포수 세차게 내리치는 배에서 등 뒤에서라도 꼭 안아 주고 싶었는데, 서로 자유롭게 폭포의 마지막 오르가슴인 물세례를 즐겨 보는 것도 나름 추억 쌓기라며 마음 달랬다.

안개 속의 숙녀호는 거친 물살을 가로지르며 나아간다. 폭포 밑으로 진입하기 전에는 여유롭게 사진도 찍으며 옛 추억에 젖었다. 물안개 자욱한 해 질 녘 배 안에는 사람들로 발 디딜 틈 없지만 덩그러니 혼자된 기분은 여전했다.

예전에 소리 질렀던 그곳에 이른 것 같다고 느끼는 순간, 내리치는 폭포가 나를 와락 덮쳤다. 물 폭탄이 머리 위로 쏟아져 정신이 아찔했다. 순간, 환청인가. 내리치는 물벼락 속, 어딘가에 묻혀 있다가 천둥소리 너머로 다가온 말은 '나이야, 가지 마라.' '나이야, 가지 마라.' 나도 같이 중얼거렸다. 얼굴에 닿는 물방울이 더러 입안으로 스미고 목을 타고 가슴으로 흘러 서늘하다.

물보라가 서로 부딪쳐 흩날리는 물안개의 감촉이 이렇게 다를 수가 있을까. 늦가을 싸늘한 기온을 품은 물방울들의 썰렁함이라니. 그 여름에는 솜사탕인 듯 하얀 구름 속에 안긴 듯 감미롭지 않았던가.

정신을 차려 보니 어느새 배가 머리를 돌렸다. 거친 물결이 소용돌이친다. 기나긴 여정을 순리대로 흐르다가 갑자기 낭떠러지로 내동댕이쳐진 물의 반란이 거세다. 들고 온 보따리를 찾으려 함인가. 아니면 같이 손잡고 흘러온 가족이라도 찾으려 드는 걸까. 구경꾼을 싣고 온 배도 성난 물살에 허둥대며 뒤물러 서서 도망갈 자세다. 이십 년 전에는 폭포 밑으로 떨어진 물들이 새로운 세계로 떠날 채비하느라 박차고 나아가는 모습이었는데….

지금은 어둑한 그림자 내린 수면을 황망히 맴돌기만 한다. 물들의 아우성으로 귀는 멍하고 서녘 하늘은 폭포를 배경으로 가을빛 머금은 황혼이 금빛 커튼처럼 드리웠다. 동쪽에 또 하나의 장관이 눈길을 끈다. 쌍무지개가 다정히 반원을 그려 넣고 벙긋거린다. 허공 위 하얀 구름은 물안개들의 용기 있는 하늘로의 나들이인 게다. 내 눈 안, 황혼에 든 풍광들이 왜 그리도 고운지. 고와서 슬펐다. 함빡 젖은 머리에서 얼굴로 떨어지는 물방울들이 눈물샘을 건드리며 흘러내린다. 배는 뉴욕의 폭포를 배경으로 떠 있는 쌍무지개를 굽어보게 하려는지 한참을 정지한다.

물살이 끌어 주는 흐름 따라 배는 선착장으로 고개 돌렸지만 내 눈은 쌍무지개 언덕을 빠져나오지 못했다. 나, 생을 다 마치는 날, 저 무지개 내려와 천상으로 사뿐사뿐 걸어갔으면 좋겠다.

젊은 시절에 왔던 나이아가라는 날씨와 시간까지 청춘이었어. 초행인 남편은 무슨 생각을 하며 물안개 속 그 많은 물보라를 맞고 또 지나왔을까. 그이는 나와 같은 생각 할 리 없을 터이니 다행이다 싶다.

나이아가라는 언제나 역동적이다. 폭포수도 인위적으로 수량을 조절한다지만 원초에 모여드는 물은 유순하다. 그 물들이 이리 호의 얕은 수심을 지나 나이아가라 호에 이르면 돌변해 버린다. 지구 끝으로 떨어질 것 같이 깎아지른 낭떠러지 앞에서 이 세상 끝난 것처럼 천둥소리 내지르며 발악하는 나이아가라여!

젊음의 괴력으로 돌진한 물 포탄들이 낙하하는 순간, 하얗게 부서져 솟아오르는 물보라와 물안개는 나이아가라가 피우는 꽃이었다. 떨어진 물은 어지럼증으로 한동안 맴돌다가 숙지근한 물결로 온타리오 호를 향해 유유히 흐르고 있다. 어머니의 마음처럼 넓디넓은 호수로 흘러드는 물은 광활한 평야지대인 영농 지역을 기름지게 한단다. 스쳐가는 만물에 생명을 주다가 종내는 바다로 흘러 고즈넉이 생을 마감할 게다.

맹렬하게 요동치는 물살과 같이 우리 부부도 청춘에 만나 우레 소리 내지르며 용감하게 살았지. 이순과 고희의 고개를 넘은 그이와 나, 앞으로 나아갈 여생은 온타리오 호수만 같아라.

텃밭 일기

집 근방 넓은 땅이다. 교육청 관할 부지로 학교를 설립할 땅이라고 한다. 여기에 언제부터인가 동네 사람들이 텃밭을 가꾸기 시작했다. 맵짠 아줌마들 몇은 돌무더기 언덕도 개간하며 영역을 넓히더니 제법 부업 수준으로까지 끌어올리는 눈치다. 땅을 많이 차지한 사람은 작년에 고추도 수월찮게 수확했다고 한다. 고구마도 몇 상자씩 캐는 것을 보면 부럽기도 하다. 야채에서부터 약용작물까지 공들인 만큼 자라고 있다.

나도 이곳에 텃밭 농사 한다고 몇몇 이들에게 자랑하며 다닌다. 언덕 아래 한 귀퉁이를 언니가 미리 차지해서 나에게 콩 농사나 지어 보라고 한 건데, 한 오십 평쯤 될까. 토닥토닥 김도 매주고 새들의 눈을 피해 가며 씨 뿌리면 가을에는 검정콩 한두 말, 봄에는 완두콩도 그렇게 수확해서 밥에 섞어서 먹기도 하고 제사 명절 때, 떡고물 감으로도 쓰고 있다.

텃밭은 위쪽, 아래쪽, 성격이 다르다. 위쪽에 땅은 포슬포슬한데 아래쪽으로 올수록 물 빠짐이 나빠서 가물 때는 흙이 돌덩이처럼 딱딱해지고 비가 온 후는 질퍽하니 농사짓기에는 마땅치 않은 땅이다. 그래도 지렁이도 방사하고 지금껏 농약을 쳐 본 일이 없는 무공해 땅이다. 여름, 김맬 때는 놀란 흙 사이로 지렁이들은 말할 것도 없고 시뻘건 지네도 기어나온다.

주위에서는 나보고 비료도 주지 않고 김도 대충 매면서 그리 돌보지 않는데도 알곡은 잘 거둬들인다고 우스개처럼 말한다. 그네들, 나의 농사법을 모르는 소리다. 내 나름 흙을 매만지는 내공이 있는 걸 모르나 봐.

나는 흙을 너무 닦달하지 않는다. 고소득을 바라며, 아니면 옆 사람들로부터 잘 키운다는 소리 듣고 싶어서 질소비료를 많이 준다든지, 촘촘히 밀식해서 작물끼리 머리채 잡게 한다든지 그러질 않는다. 물론 농약도 절대 뿌리지 않는다는 원칙에는 어김이 없다.

사람들은 농약 안 뿌리면 씨 값도 안 나올 거라지만 파종 후에 하얗게 뿌려대는 가루 농약은 흙속에 사는 유용미생물과 지렁이 등을 몰살시킨다. 건강한 사람은 약을 먹지 않아도 건강하다. 약을 먹기 시작하면 또 다른 약을 먹어야 하고 약의 악순환을 끊을 수가 없듯이 농약에 찌든 흙은 저항력이 약할 수밖에 없지 않을까. 무기력한 땅에서 자란 식물은 농약을 치지 않을 수 없음이다.

농사를 주업으로 하는 대농들이야 체계적으로 조절하며 관리하려면 적정량의 농약은 꼭 필요하겠지만, 텃밭 농사이니 벌레 먹은 먹을거리면 어떠리. 사실, 나도 말은 달인처럼 늘어놓고 있지만 하찮을 것 같은 잡초 제거에는 두 손을 든다. 제초작업은 늘 골칫거리다.

궁여지책으로 배수가 잘 안 되는 반쪽의 땅에 토란을 심었다. 토란농사는 쉽다. 토란은 물기가 많은 땅에도 잘 자란다. 여름에 토란잎이 이랑과 고랑을 다 덮어 버리니 잡풀이 나지 않았다. 봄과 여름에 두세 번 이랑 위로 흙만 보듬어 올려 주면 넓적한 잎사귀를 펼쳐들며 덩실거린다. 토란은 메추리알같이 작은 처질거리도 다 먹을 수 있어 좋다. 더 좋은 건 고구마나 감자처럼 수확기를 그다지 신경 안 써도 된다는 것이다. 가을 되면 줄기는 줄기대로 말렸다가 먹을 수 있고 뿌리는 겨울을 넘겨서 수확해도 괜찮았다. 작년 같은 해는 12월 말에도 또랑또랑한 그대로 있었다.

사철 보관도 용이하다. 껍질을 벗겨 쌀뜨물에 살짝 삶아서 냉동실에 보관하면 언제 건 맛있는 토란을 먹을 수 있다. 토란은 따로 종자를 마련할 필요도 없다. 어미 토란 뿌리에 대롱 매달린 알토란을 똑똑 떼어 내고 원뿌리를 또 땅에 묻으면 된다. 텃밭 농사 하면서 나는 어느새 토란 마니아가 되었다.

가을에는 완두콩을 심어서 오뉴월경 수확한 후 바로 검정콩을 심곤 했다. 이 두 가지가 파종과 수확 시기가 맞아떨어져 계속 번갈아 지었는데 문제는 검정콩을 심고 여름에 김을 맬 때이다. 새카만 모기! 일명 아디다스 모기라던가. 더위에 온몸이 땀벌창이니 달라붙은 옷 위로 달려들면 흡혈귀 같다. 신발만 뚫지 못하고 모자 위 건, 양말 신은 위까지 막무가내 달려드는 데는 피할 재간이 없다.

전기 모기 채를 갖고 가서 풀 몇 줌 뽑고 모기채 한 번 휘두르며 제초작업을 했던 적도 있다. 모기 타는 냄새를 맡은 모기들이 사방에서 더 몰려들었다. 잠깐 사이에 온몸이 두드러기 범벅에 손에 일이 잡히질 않고 정신까지 몽롱하다. 항복하고 집으로 내빼기를 여러 번 했다. 포기하려 했지만 고생은 되어도 내 손으로 직접 농사지은 콩들을 만져 보는 기쁨이 어딘가. 손놓지 않고 지금껏 텃밭 농사를 하는 이유다.

작년에는 가을 농사를 못 지어 묵혔기에 유월, 서리태를 심을 생각으로 밭에 가 봤는데, 빽빽이 들어앉은 잡초에 경악하고 말았다. 그사이 묵정밭이 되어 버렸다. 그런데 남의 밭과 경계인 고랑에 깔아 놓은 부직포 밑을 들여다봤더니 깨끗하다. 잡초 싹이 날 기미조차 없다.

이거네. 묘수가 떠올랐다. 토란 밭만 김을 매고 나머지 잡초가 무성한 땅은 싹쓸이 덮어 버려야지. 집 근처에 인도를 정비하다가 내버린 부직포가 있는 걸 눈여겨보아 둔 터, 잡초를 몰살시키기에 안성맞춤인 물건이다. 얼른 차에 싣고 가서 잡초더미들을 완벽하게 멀칭 해버렸다. 부직포가 모자란 부분은 비닐로 꼭 여며 놓았다. 콩 심을 때쯤이면 잡초들이 숨 막혀 질식하겠지. 가장자리도 매조지게 흙덩이로 단단히 눌러놨다. '이런 쉬운 방법을 모르고 있었다니. 너희 잡초들 꼼지락도 못하렷다.'

좀 꺼림칙한 건 이웃들이 무슨 큰 농사를 지으려 단단히 준비하나 해서 들여다보고 제초할 요량으로 덮은 걸 알면 어이없어 하겠지만 무슨 상관이람.

걱정되는 게 또 하나 있긴 하다. 이곳 텃밭농사꾼 중, 대농이며 시인인 언니가 내가 한 짓을 보면 크게 한숨지을 거다.

'동생아, 부끄럽지도 않으냐. 김매는 게 힘들다고 흙 얼굴을 암흑천지로 만들어 버리다니. 네게 베푸는 흙의 고마움을 알아야지. 이 화창한 삼월에 캄캄 눈 가려 버리면 흙을 모독하는 거야. 흙도 봄바람 맞으며 살랑 춤추고 싶고 보슬비 얼굴 간질이면 깔깔거리고 싶을 텐데, 흙 사랑하며 텃밭 가꾼다고 하지를 말아라. 네 텃밭에 살고 있을 온갖 생물들이 불쌍하지도 않니?'

시 한 구절 읊듯이 그러겠지.

'이런 발상도 내 나름 두름손인 걸. 봄이라 잡초가 무지 솟아오를 텐데 뒷감당 못할 바엔….'

내 행동에 당위성을 찾으려고 혼자 중얼거려 보지만 마음에 걸리는 구석이 있어 꺼림칙하다. 내가 정말 못할 짓을 했나. 인터넷 창을 열고 멀칭의 장점을 들여다봤다. 잡초 제거에 일등공신이란다.

그러면 그렇지. 그런데 다음 장에 나온 사진을 보고 뜨끔했다. 지렁이들이 탈출을 한단다. 숨 막혀서 못 살겠다고.

민들레 꽃씨의 꿈

큰 여행용가방을 챙겨 딸애가 떠나 버린 날. 서창으로 얼굴 들이밀던 햇살이 방안 공기를 알아차리기라도 했나. 쥐꼬리처럼 가늘어지는가 싶더니 가뭇없이 숨어버린다. 적막하다.

며칠 후엔 한국을 떠난다며 들이닥친 딸. 일주일 전 일이다. 서울생활을 접고 이민 가서 새로운 삶을 살겠단다. 사랑하는 이가 있어가야 한다며 토정한다. 말할 때마다 입 언저리로 구르는 눈물방울이 앞섶을 적신다.

일 년 전, 타국에서 재미있게 직장생활하고 있다더니 느닷없이 귀국해 버려 무슨 일이 있나 했었다. 남자친구가 인사하러 올 거라는 말에 덧붙여 이젠 그쪽 부모님의 반대에도 무조건 부딪쳐 보겠단다. 그간 마음속에 품고서 고민했을 사연들을 지레짐작하니 마른 침이 목젖에 걸려 떨컥거린다. 나의 입속에서 맴도는 말.

'제발 가지 마라. 가지 마라.'

둘째는 단호하게 가겠단다. 야속하다.

이를 어찌해야 하나. 나에겐 금쪽같은 딸인데….

남편은 믿고 보내주자며 선산에나 데리고 다녀오자 한다. 요 며칠 새 까칠해 버린 남편, 마음속 갈등이 왜 없겠는가. 선묘에 가서라도 심란한 마음을 달래며 떠나는 딸이 평탄하기를 빌려는 심정이리라.

선산이 있는 여절악 능선에는 민들레가 꽃대 올리며 무덕무덕 자라고 있었다. 노랗게 피어 있는 꽃 사이사이엔 벌써 씨앗을 품고 날아오를 채비를 하고 있는 씨들이 눈에 띈다. 예전 같으면 박꽃처럼 하얗게 핀 꽃대를 따서, 입심 좋게 후우 불어 날렸으련만. 그날은 옷깃 스치는 바람에도 흩어져 버릴 것 같아 애써 피하며 걸었다. 씨앗들이 날아가 버리면 민들레 어미는 머리 풀어헤쳐 통곡할 것만 같았기에.

'뱃속에 있을 때부터 마음 아프게 하더니.' 한숨처럼 내뱉은 내 말에 내가 놀라 딸을 본다. 다행히 딸은 고향의 봄 풍광을 하나라도 더 담고 가려는 듯 사방 둘러보느라 내 중얼거림은 알아듣지 못했다. 등골 오싹하게 하는 기억이 불쑥 튀어나온다. 뱃속에 있을 때 떼려 했던 내 죗값인가. 헤어짐이 마음 아프고 힘들다.

제주도 산야에 뿌리내려 버린 개민들레. 곶자왈 틈새이건, 억새 우거진 숲이건, 정성껏 손질해 놓은 묘소 위에도 아랑곳없이 기세등등했다. 수입한 목초 씨에 섞여 들어온 나그네들이 주인인 양 터 잡은 지 오래다. 허우대 멀쑥한 꽃대에 사시절 샛노란 꽃을 피워대는 외래종 민들레가 목 짧은 토종민들레를 눌러 놓고 온 산야를 휘어잡고 있다. 제주에 외래 식물들이 더러 점령해 버렸다고 난리지만 예서 뿌리 내린 녀석들을 싸잡아 탓할 일은 아니다. 사람들의 손을 타거나 자연의 섭리에 의해 씨앗 내렸으니 온전히 생장하는 걸. 개민들레 씨처럼 타박 받을지라도 안차고 다라진 내 딸, 타국에서 씩씩하게 삶을 개척해 주었으면….

우주만물은 다 인연법에 따라 순환한다는데, 애석해 말고 웃으며 보내야지. 마음 다잡아 보지만 딸의 질끈 묶은 꽁지머리조차 눈 아리게 했다.

아지랑이가 들쥐처럼 헤집고 다니는 들판을 우리는 아무 말 없이 앞서거니 뒤서거니 걸었다.

남편이 침묵을 깨며 한마디 한다.

"봄은 봄이다. 외래종이지만 민들레꽃 만발하니 좋네."

딸이 아빠 말을 받는다.

"엄마 아빠, 저 민들레처럼 씩씩하게 살게요. 걱정하지 마시고 저를 믿으세요."

산등성이에 오르니 여태 떠나지 않은 맵싸한 소소리바람과 골바람이 기 싸움을 벌인다. 민들레 홀씨들이 사방으로 흩어진다. 한 점 씨앗이 여린 깃털의 부추김 따라 무작정 허공으로 날아오른다. 배회하는 따라지신세 꽃씨들. 사월 동풍 타고 한없이 가버릴 것 같아 불현듯 두 손을 모은다. 비옥한 땅에 안착하기를….

홀씨 떠나버려 야윈 꽃대들, 바람 물고 오소소 떤다. 민들레 씨 날아간 허공에 시 한 편 띄우며 해진 마음 달래 본다.

떠돌다가 부디
고향 품에 안길 수 있기를
네게 바라는 간절한 소망

서리꽃 매서워 발 붉고 얼굴 시려도
단물 뽑아 짧은 목 너머 올린 내 어미야
샛노란 청춘의 봄날 잊지 않으리

억새 그루터기 비집고 피워 낸
내 어미 인고의 꿈 다시 피우리
정녕 돌아오리라.

— 졸작

스펑나무 숲에 살았던 솔리다

둘째 남동생이 스물세 살 연하의 아가씨와 결혼했다.

제 나이만큼이나 연상인 신랑 따라 제주에 온 가무잡잡한 캄보디아 출신 솔리다. 올 추석에 한국 땅을 밟았으니 두 달 남짓 됐다. 동생은 제 색시 곁을 싸고돌며 변명 아닌 변명을 한다. 조혼이 그 나라의 관습이다 보니 삼십대 처녀를 구하기가 더 어렵더라고.

저를 낳아 준 아버지보다 한 살 위 남편을 택한 새색시. 아리잠직한 얼굴에 눈매가 선하여 더욱 애처롭다. 겨우 인사말 정도만 익혔으니 하고 싶은 말들을 어떻게 마음에서 삭히고 있을까. 말하고 싶은 사연이 눈에 가득 들어있음을 본다. 그 속을 헤아리노라면 시누이로서 마음 한구석이 켕긴다. 서늘한 슬픔이 눈빛 따라 흐르는 모습이 안타깝지만 어쩌겠나. 저 스스로 결정해서 머나먼 곳까지 왔으니 헤쳐 나가야 할밖엔.

십여 년 전, 친정아버님은 어릴 적 관절염을 앓아 한쪽 다리가 불편한 둘째 남동생에게 시골에서는 그럴듯한 집을 지어주며 장가가기를 바랐다. 어머님은 냉장고며 침대 같은 살림살이를 다 장만해놓고 연년이 장독에 된장, 간장을 채우며 며느릿감을 그토록 기다렸건만.

그 후, 부모님 돌아가시니 십 년이 훌쩍 지나 버리고 동생 혼자 사는 집 안팎 꼴이라니. 마당엔 파적거리 삼는다는 낚시도구가 난장이고 마당에 곱게 깔렸던 금잔디는 넋 나간 처녀의 머리칼처럼 뒤엉켜 버렸다.

부모님이 좋은 색시 만나 단장하며 살라고 마련해 놓은 정원의 나무는 볼품없이 웃자라 버리고 옥상에 있는 아담한 장독들도 태풍에 뚜껑은 깨져 나동그라진 채 구석에 처박혔다. 더욱이 남동생은 우울증을 견디려 폭음으로 제 몸을 망가뜨리고 있었는데, 이때, 솔리다가 우리에게 온 것이다.

다섯 남매 중 맏이인 솔리다는 열악한 환경에서도 가정교육은 제대로 받은 것 같다. 겉볼안이라고 천박하거나 비굴하지 않을뿐더러 나이답지 않게 침착하다. 손끝도 야무지고 결곡하다. 옛 크메르 제국의 혈통이 흐르고 있을 거라는 믿음을 주는 듬직한 행실이 곱다.

동생의 말에 의하면 솔리다가 자란 곳은 스펑나무 숲으로 둘러싸인 말할 수 없이 거칠고 메마른 환경이었다고 한다. 그런 곳에서 흠 없이 큰 게 신기하다고 실실 눈웃음 흘리며 어린 신부를 본다.

작년에 캄보디아 여행 갔을 때 봤던 주민들의 생활상을 떠올려 가며 동생의 말에 수긍한다. 여행 중, 이른 새벽이면 혼자 나서서 주위를 둘러보는 습관이 있는 나는 그날도 아침빛이 내려앉은 길을 따라 동네 산책을 나섰다. 호텔을 나서니 근방에 민가가 띄엄띄엄 보여서 길가에 작은 도랑을 따라 5분쯤 걸었을 뿐인데, 아뿔싸! 천당에서 지옥으로 건너온 것 같은 급변한 주위 환경에 자지러지게 놀랐다.

집 울타리로 쳐 놓긴 한 것 같은데 넝마 같은 너절한 물건들로 듬성듬성 가리개를 해놓은 집에 아이들 셋과 엄마로 보이는 여인이 집 앞 도랑에서 거품이 뽀글거리는 물을 아이 몸에 끼얹으며 씻기고 있었다. 마당 한쪽 구석에는 낡아 찌그러진 냄비에 음식이 끓고 있었는데 그 도랑물을 떠다가 아침밥을 짓고 있으리라 지레짐작이 갔다.

내가 묵고 있는 호텔 내 풀장에는 새벽부터 수영을 즐기는 여행객으로 청청한 물이 넘쳐나고 로비에는 온갖 열대 화초에서 내뿜는 향기로 황홀한데, 바로 코앞 주민들이 사는 주위 환경은 쓰레기 더미와 악취가 이루 말할 수 없었으니.

그곳을 여행하는 내내 웅장하고 거대한 신의 도시 앙코르와트를 보며 얼마나 감탄했던가. 천 년 전 건립되었다는 정교 섬세한 석상과 건축물에 묻어나는 옛적 찬란한 왕조시대를 보며 인간이 만들었다는 게 믿기지 않았었다. 수백 년의 세월을 밀림 속에 꼭꼭 숨어 있었던 앙코르 유적지가 한 마리 나비의 인도로 세상에 나와 크메르인의 웅대했던 역사를 말하고 있건만. 과거의 화려했던 영화는 노쇠한 건축물을 내보이며 회귀의 꿈을 잃어버렸고 현실은 빈곤의 때가 덕지덕지 덮여버린 캄보디아.

경계선이 너무나 뚜렷한 나라에서 나는 별 다섯짜리 호텔에 묵으면서 저녁이면 솔리다 또래의 여자 애들로부터 마사지를 받았다. 티 없이 밝은 웃음과 함께 정성껏 마사지 해주는 여자 아이들을 보면서 '캄보디아에서 태어났으니 그런 환경과 틀에 갇혀서 생활할 수밖에 없겠구나.'라며 팁 몇 푼 손에 쥐여 주었을 뿐, 솔리다와 연을 생각이나 했었나.

솔리다는 이제 적응할 만도한데 새장 안의 새처럼 오들거리며 가끔 불안한 모습은 보이지만 살포시 웃는 입술에는 앙코르의 미소가 보인다. 그 입술은 내가 보고 반해버린 의지 굳은 바이욘사원 부처상을 빼닮았다. 그런 올케가 더 예쁜 일을 저질렀다. 제주에 뿌리내릴 씨앗을 잉태했다. 임신 9주째란다.

놔두면 허물어져 버렸을지도 모를 남동생에게 스펑나무 숲에 살았던 솔리다가 타프롬 사원을 에워싸 안은 나무처럼 든든하게 가족으로 뿌리내려 주었으면. 연분은 하늘이 점지해 준다는 걸 간절히 믿고 싶다. 앙코르와트 고대 건축물을 거대한 뿌리로 장악해 버린 스펑나무를 보며 경악했었는데, 순식간에 나의 선입관이 바뀌어 버렸다.

솔리다가 제발 그 스펑나무를 닮았으면 좋겠다.

씨앗 품고 온 할마님아

음력 이월 열나흘, 오랜만에 하늘이 해맑다. 영등할망 송별굿이 열리는 날이다. 해송사이로 칠머리당에 얼굴 빠끔 들이민 바다도 흥에 겨웠는지 비췻빛 반짝인다.

본향 당 야외 돌 의자에도 일찌감치 자리 잡은 햇살이 영등신의 자애인 양 주위를 따스하게 감싸 안고 있다. 나도 한자리 잡으니 햇살은 무릎에 살포시 앉건만 마음은 후다닥 굿판으로 빨려 들어간다. 전해 오는 속설이지만 영등신이 제주를 떠나는 날, 화창하고 바다 잔잔하면 풍년 든다 했다. 좋은 예감으로 굿 구경을 하니 기분마저 달뜬다.

영등 신을 위로하고 풍어를 기원하는 의식인 '제주칠머리당 영등굿'은 1980년 국가 중요무형문화재 제71호로 지정됐으며, 2009년 9월에는 세계무형유산 대표 목록으로 등재된 제주의 보물이다.

마을 전체를 수호하는 본향당 신을 모신 이곳은 사라봉이 별도봉으로 갈라서는 지점에 있다. 사라봉은 봉우리에 노을이 스미면 석양이 바다에 몸을 풀며 물결과 애무를 즐긴다. 별도봉은 깎아지른 것 같은 바위에 부딪치는 하얀 포말과 파도 소리가 화음으로 어우러져 눈과 귀가 즐거운 곳이다. 사람들이 자연과 함께 화평하게 노닐기 좋은 산수 수려한 곳이니 신의 감응을 받기에 좋은 명당일 게 분명하다.

이곳 칠머리당에는 벌써 초감제로 신들을 불러들이고 있다. 어서 나리시어 감축 받으시라는 흥겨운 꽹과리와 징 장단이 푸지다. 나도 어깨춤이 절로 나온다. 당 쪽으로 휘어진 우람한 왕벚나무 가지도 수많은 아린을 매달아 안고 어깨 가벼이 들썩인다.

이윽고 굿은 절정에 이르러 본향 듦으로 접어들고 박수 심방은 신칼 휘두르며 잡신들을 물리친 후, 요령을 흔들어 신을 열렬히 맞이한다. 강림한 신들을 맞느라 도랑춤 추는 심방의 열기가 벚꽃 봉오리에까지 닿았나. 입술들이 달싹거린다. 어여쁘다.

박수심방은 호랑나비 활개 치듯 훨훨 날아오르는가 하면 거북이처럼 납작 엎드려 깊숙이 절한다. 길 떠날 채비하는 영등할망에게 올해도 정성을 다하여 들음직 보암 직하게 치성을 드리고 있다. 이월 초하룻날 내방했으니 그동안 제주의 산수 절경을 구경하면서 들녘에는 오곡의 씨앗을, 바다에는 해초와 해산물 종자를 풍성하게 흩뿌려 놓았을 게다.

영등신은 바람과도 밀접한 관계가 있다. 제주는 음력 2월이면 오는 봄을 시샘하듯이 북서계절풍이 제주도를 할퀴듯 휘젓고 다닌다. 이 시기에 겨울의 끝자락 추위와 세찬 바람으로 온 섬은 와들와들 떤다. 이때 섬사람들은 영등할망이 내방했다고 믿으며 한 해의 풍요를 가져다주는 신으로 추앙할 준비를 정성스레 한다.

영등굿이 펼쳐지는 칠머리당은 받은 은혜에 감사하며 신에게 산해진미를 맛보이는 자리이다. 관광객에게는 1만 8천여 신이 있다는 '신들의 고향' 제주의 전통문화에 빠져 보는 공간으로 되살아나 흥취를 더한다.

신화는 인간들의 이야기다. 신화의 섬 제주가 그냥 흘러나온 말이겠나. 어쩌면 섬사람들은 척박한 화산토와 맹렬하게 몰아치는 자연 재해에 대항하기 위해 신을 내세워 힘을 주십사 간원했겠지. 새해 정이월의 찬바람을 온전히 몸으로 받아들여 발 돋운 다음 기운찬 바람으로 다시 승화시키며 그해의 들머리에 세우려 했으리.

신은 온 우주에 존재한다. 그리스신화에 등장하는 바다의 신은 포세이돈이다. 하늘의 신인 제우스의 형이기도 하다. 제우스는 형의 힘을 돋워주기 위해 대장장이인 헤파이토스를 시켜 천상천하에 당할 이 없을 무기인 삼지창을 갖게 한다.

삼지창 세 가닥은 각기 구름과 비와 바람을 상징했다. 포세이돈은 말을 타서 날아다니며 구름을 장악하여 비가 내리게 하고 바람을 불게 하는 능력을 가지게 된다. 그러나 바다를 뒤흔들고 비와 바람을 장악하는 포세이돈이지만 영등할망같이 인간의 생존과 희망인, 씨앗을 바다와 땅에 뿌려 주는 푸짐한 인정은 찾아볼 수 없다. 멀고 먼 어느 별에 존재하는 외계인이기나 하듯 감성적이나 따뜻함이 없다.

신화나 전설은 인간의 소용거리이며 인간에 의해서 탄생된다. 그리스 신화 속 기운찬 포세이돈보다 제주의 민간 신앙으로 뿌리내린 다정다감한 영등할망 신화, 이 얼마나 정겹고 인간적인가. 제주사람들이 고립된 섬에서 한 입에 집어삼킬 듯이 날뛰는 폭풍을 견딘 것도 전능한 신이 계셔서 인간을 저버리지 않을 거라는 믿음이 있었기에 견뎌오지 않았을까.

영등굿의 탄생은, 받은 정을 주는 사랑으로 표현한 구들장 온기가 배어 있는 옛이야기이다. 신과 인간의 숨소리를 잇는 민속 굿이다. 새봄을 맞이하면서 겸허하고도 성스러운 자세로 삶의 자리를 돌아보려 했던 제주 사람들의 마음이 녹아 있는 고유의 민간신앙 의례다.

바람의 신이며 바다의 신인, 영등신의 탄생은 옆 마을에서 생겼을 법한 이야기로 구성되어 있다. 영등 대왕이 용왕 나라를 거느리고 있을 때다. 한수리 어부들을 태운 어선이 외눈박이 섬으로 표류해 가는 것을 본 영등할망은 어부들의 목숨이 바람 앞에 촛불처럼 위태로웠기에 얼른 바위 밑에 숨겼다가 외눈박이 괴물의 눈을 피해 '관음보살' 주문을 외며 고향으로 가라고 한다. 어부들은 제주 항구가 가까워지자 기쁜 마음에 염불 외는 걸 깜박해 버렸다. 다시 폭풍이 일어 어부를 태운 배는 외눈박이 섬으로 되돌아가고 만다. 어부들을 불쌍히 여긴 영등할망이 다시 살려 보내자 외눈박이 괴물이 그녀를 죽여 버린다.

한수리 어부들을 살리고 죽임을 당한 그녀를 바다의 신으로 모시는 건 인간의 도리였다. 마땅히 행한 바른 길에 영등할망은 희망의 씨앗을 뿌려 주려 매년 내방한단다. 우리의 생존에 꼭 필요한 씨를 움켜쥐고서.

그 씨 뿌려진 제주 섬은 끊임없이 싹이 트고 열매 맺을 것이다. 혹독한 시련이 닥칠지라도 믿음을 받아 가꾸고 거두는 삶에서 생명의 밧줄인 희망은 존재하리라.

올해도 땅과 바다에 씨 내림 받은 생명들은 영등굿 무구 울림에 불끈 용을 치며 튼실한 싹 들어올리겠지.

여행의 묘미

온 섬이 하얀 눈으로 덮여 버렸단다. 푹 파묻힐 것 같이 수북이.

그럴 리가, 그사이 몇 시간도 흐르지 않았는데 쌓였으면 얼마나 쌓였을까 싶다. 1박 2일 전주 문학세미나 참석차, 제주에서 비행기 트랩을 오를 때도 퍼들퍼들 가끔 날리던 눈발이었지 않은가.

하늘에서 땅까지 눈송이가 장악해 버리고 차들도, 사람들도, 부드러운 눈송이에 두 손, 두 발을 다 들었단다. 남편의 메시지가 섬 속, 세상을 알게 했다. 기막힌 폭설이라고 말했지만 눈으로 보지 않으니 가늠이 안 간다.

호텔 세미나실 아늑한 지하 공간이니 그사이 밖에서 일어난 일을 어찌 짐작할 수 있으랴. 나는 그날따라 2부 사회를 맡아 진행해야 했기에 그 일에만 정신을 쏟았으니 남편의 메시지는 까무룩 잊었었다. 하루의 일정을 끝내고 룸에 오니 수런수런 걱정들을 한다. 여기, 전주도 제주 못지않게 눈이 엄청 내렸다는 말에 그제야 커튼을 젖히고 밖을 내다봤더니, 이게 어인 일인가.

창문 아래 펼쳐진 설경에 입이 다물어지질 않는다. 호텔 울타리에 자라는 향나무 가지마다 백설기 같은 눈송이를 한가득 이고 있다. 가지마다 제 힘껏 받아서 버티고 있는 저 천연덕스러움이라니. 한 되에서부터 한 말 치는 족히 될 것 같은 떡들을, 아니 눈송이를 머리에 얹고 꿋꿋이 서 있다. 어디에 있다 저렇게 한꺼번에 내리는지, 만발한 눈송이가 허공에 난무하여 하양 세상이다. 가로등 불빛으로 달려드는 눈송이는 하얀 나비 같아라.

태어난 이래 이런 설경을 봤던 적이 있었나. 푸짐하게 눈 구경을 한 대가는 바로 나타났다. 최대 3일 간은 섬으로 돌아갈 수 없단다. 하늘 길 바닷길 모두 올 스톱이란다. 피할 수 없다면 즐겨야 하리.

여성들끼리는 여행 끝나고 집에 돌아갈 날이 오면 '천당에서 마냥 행복했는데 지옥문으로 들어갈 날이 와 버렸네.'라고 우스개 겸 아쉬운 표현들을 하지 않는가. 나, 천당에 아직 머물고 있는데 며칠 집에 못 가면 어떠리. 대박이다.

어느 여류시인의 〈한계령을 위한 연가〉의 주인공이 되고 싶을 뿐, 내 주위엔 시방 감성의 끼 만발한 팔도의 멋진 남녀 문우들이 쫙 깔려 있지 않은가. 뜻이 통하는 끼리끼리 함께 있는 게 즐겁기만

할 걸. 옛 정취 물씬 풍기는 곳이라 배경 또한 끝내 준다. 폭설로 갇힌 것도 행운이라면 행운이다. 뉴스는 다퉈 가며 백 년 만의 눈 폭탄이라며 아우성이지만 실실 웃음만 나온다.

하늘 길, 바닷길 딱 닷새만 막혀다오. 폭설 때문인 걸 어떻게 해, 그렇게 어쩔 수 없는 척 기꺼이 묶이고 싶어. 오오, 눈부실 일탈이여!

지난밤, 소주 몇 잔에 붕 떠올라 비몽사몽간 꿈꾸었던 몽상은 아침, 북어 해장국을 들이켜는 순간, 산산이 깨어져 버렸다. 웬 헬리콥터가 난데없이 나타나 줄 리 만무이고 나타난다 해도 나는 손을 흔들 일도, 흔들지 않을 이유도 없는 차분하면서도 담담한 분위기로 되돌아와 버렸다. 역시 문학인들은 위기 때 돋보이는 듯, 이튿날 계획했던 문학기행이 펑크 났지만 그 일은 애초에 없었던 것처럼 모두들 한옥마을로 내달린다. 무릎 위까지 차올랐을 눈은 도로 양옆으로 밀려나 있지만 바닥은 빙판이라 마치 어머니 품에 안기려는 걸음마 떼는 아기처럼 아슬아슬해서 더 재미있다.

영하 15도로 내리꽂힌 추위도 기찬 분위기에 제 구실을 못한다. 오래전부터 서로 이리 만나자고 약속한 것처럼, 서로 손잡아 걸으며 수다를 떨었다.

오목대도 이성계 장군이 승전을 축하하는 잔치를 벌인 옛 여흥이 되살아났나. 기분 충만했는지 백성에게 나눠 줄 떡을 빚었나 보다. 나무마다에 풍성하게 한 아름씩 안고, 머리에도 이고 있다. 정자의 단청도 하얀 세상을 만나니 오방색 아름다움을 통째 드러낸다.

전주는 매년 겨울이면 동계문학 세미나 행사가 열리는 곳이지만 올 때마다 분위기가 새로운 곳이다. 작년 이맘때는 넘쳐나는 관광객과 상점에서 풍겨 나오던 구미 당기는 갖가지 먹을거리로 칠백여 한옥 기와들까지 출렁이는 듯 활기가 넘쳤었다.

올해는 폭설 때문에 길거리가 조용하니 분위기가 조선시대인 듯 고즈넉하다. 눈 속에 함북 빠진 팔작지붕 곡선은 침실에 든 여인의 하얀 속치마에 감춰진 나긋한 허리선을 연상시킨다. 용마루에서 치미를 타고 내려와 귀마루에서 끝머리 상긋 쳐들고 멈춘, 곱새 기왓장의 휘둘림은 외려 꿋꿋하다. 버선코인 듯해도 살짝 치켜 올라간 기세가 호락치 않다.

지금의 한옥마을은 먹을거리 쪽으로 치우쳐 입맛 다시는 식도락가들의 한 나절 치기 관광에 머물지만 조선시대에는 일본인들의 상권 유입에 반발하며 한옥을 지어 버티며 그들의 내습을 막았던 민족적 자긍심이 깃든 곳이지 않은가. 또한 백년의 역사를 안고 있는 로마네스크 양식인 전동성당도 한옥과 엇박자일 것 같지만 음과 양의 조화인 듯 뛰어난 운치를 자아낸다.

한복을 대여해주는 곳이 있어 또 하나의 정취가 한옥 마을에 넘친다. 댕기머리 한복 차림을 한 처녀에게서는 풋사과 향이 풍겼고, 어우동 차림의 여인에게선 농익은 밤꽃 내음에 취한 듯해서 뒤돌아 다시 보게 한다.

옛 정취 그윽한 길을 걸으며 눈 한 움큼 쥐어 머리 위 가로수로 날려 본다. 목화송이처럼 매달고 한껏 뽐내던 눈송이들이 한꺼번에 톡 손 놓아 버린다. 떨어뜨리는 내가 얄궂은지 내 머리 위에 서너 뭉치 내리친다. 어이쿠.

이번 여행은 오묘한 맛이다. 쓰러진 김에 쉬어갈 구실이 생겼으니 이 아니 좋을쏜가. 술술 잘 풀리는 여행보다 얼키설키 꼬였던 여정이 지나고 나면 매력이 있다. 어느 해인가 서울을 거쳐 경기도 군포로 들어서는 길에 교통지옥에 갇혀 오도 가도 못했던 적이 있다. 한 끼 굶어 허덕인 후, 뽀얀 국물 맛이 일품이던 허름한 국밥집을 떠올려 본다.

언젠가는 각 지방 여성들과 함께했던 워크숍 때, 한 팀인 여인의 수다 때문에 곤욕스러웠는데 한참 지난 후, 내가 보고 싶다며 직접 담근 새우젓을 보내 왔다. 그 새우젓 넣은 나박김치의 건건 짭조름한 맛이 갯가에 사는 그 여인의 향이던 맛도 잊지 못한다.

이번 여행은 어떤 맛으로 내 기억의 창고에 저장될까. 기대 만발하다.

3부

어우렁더우렁

아무리 몸부림쳐도 오목과 볼록은 따로 놀고 있다. 서로 염원하지만 닿지 않아 더 요동치는가. 배시시 웃음으로 인사를 대신하는 얌전한 주인답지 않게 이 물건은 도시 부끄럼 탈 줄을 모른다.

딸의 손을 놓으며

난데없이 딸애가 눈물바람 일으키며 고향으로 내려왔다. 철렁 가슴이 내려앉는다. 이제 더 이상 홀로 외국에서 살 의미가 없어졌단다. 얼마 전까지도 그곳 생활이 신바람 난다며 엄마 아빠 모셔다 같이 살겠다고 떠벌리지 않았던가.

왜?

엄마로서 물어 볼 수 있는 건 외마디뿐, 물 젖은 솜방망이마냥 축 처져 있는 아이를 추스르며 산으로, 계곡으로, 바다로 데리고 다녔다.

하루는 시원한 곳을 찾아 한라산 중턱에 있는 건천을 따라 들어갔는데, 계곡이 휘어지는 둔덕 위 평지에 더덕이 무덕무덕 자라고 있었다. 여름이 한창 무르익은 철이라 저들끼리 배배 꼬이면서 넝쿨들이 송곳처럼 솟아 있다. 기껏 몇 뼘 키 높이에 머물다 시들어 버릴 걸 왜 얼키설키 저 야단법석일까. 잎사귀끼리는 서로 머리채를 잡고 절대 놓지 않을 태세다.

무심히 넘겨보았던 풍경들인데 그날은 유독 마음이 한 곬으로 쏠리고 있는 나를 어쩌지 못했다. 엉켰으니 그렇게 뒤얽힌 채 자랄 수밖에, 넝쿨을 건드렸다간 서로 상처만 주겠지.

애초에 농부의 손길로 받침대를 해줬다면 이 산야에서 오순도순 얼마나 평화로웠을까. 아이는 더덕이라고 말해주니 한참을 바라본다. 제발 엄마가 느끼는 감정이 전달되지 않기를….

우리는 더덕향기 진한 계곡의 끝자락, 넙데데한 바위에 자리를 잡고 간식거리 보따리를 펼쳤다. 딸애는 고향의 맛이 그리웠다며 어릴 때는 집어 들지도 않던 씁쓰름한 쑥개떡을 꿀떡꿀떡 삼킨다. 벌써 인생의 쓴맛을 알아 버렸나. 부추지짐이까지 두 손 가득 들고 소담스레 먹고 나서 담담하게 제 마음을 펼쳐 보인다. 야윈 얼굴에 쓸쓸함이 묻어 있다.

도시락 보자기는 바위 위에 고즈넉한데 아이의 펼쳐 보이는 마음 보자기는 폭풍전야처럼 전율이 돈다. 아이 얼굴을 바로 보지 못해 더덕 밭으로만 시선 쏘아댄 때문인가. 바람이 일 때마다 진한 더덕 향이 환각제인 양 머리가 멍하고 어지럽다. 괜히 물 컵을 찾는다고 딴전을 부려 보지만 갑갑함은 똬리를 틀고 앉아 내 마음속을 빤히 들여다보고 있다.

건드리면 맥없이 무너져 버릴 것 같은 딸애 앞에서 엄마라 하나 마음속 엉겨버린 응어리를 풀어 줄 방법이 없어 안타깝다. 저 더덕 넝쿨처럼 풀어 주려 해도 상처만 깊을 뿐, 견디며 살라고 할 수밖에.

내 새끼, 어릴 때부터 인정 많고 손끝이 야물어 어깨 한번 주무를 때도 얼마나 시원했던가.

그쪽 부모가 며느릿감으로 싫다고 했단다. 그랬기로 궁지로 몰아넣는 그네들을 다시는 보지 않으려 미국 생활을 포기하려 한다는 데는 아연실색하지 않을 수 없었다. 받아들일 수 없다는 매정함도 야속하다지만 견디며 다섯 해 동안 쌓은 사랑이 아깝단다. 고향에서 아이는 평정을 찾다가도 제 방에서 문 닫고 있는 시간이 길수록 눈은 더 부어 있었다.

얼마쯤 지났을까. 낯선 손님이 들이닥쳤다. 어눌한 한국어에 턱수염이 유난히 짙은 청년이었다. 네 살 때부터 미국생활을 했다지만 우리말을 알아듣고 대답하는 게 신통해 보이는 것은 인연의 끈이 서로 닿으려 함인가.

불쑥 선보인 낯선 청년이 앞뒤 말 맞춤 없이 한 말은

“잊을 수 없어서 집에 알리지도 않고 몰래 왔지만 이해해 주십사….”

더러 입안에서 맴돌며 주절거렸지만 간절함이 축축이 묻어 있었다. 은연중 좋은 점이 많았으면 하는 바람 때문인가 무릎 꺾어 앉은 자세가 불편해 보여 편히 앉으라 해도 끝까지 버티는 공손함과 햄버거 소스 냄새가 밴 청재킷 차림도 그리 나빠 보이지 않았다.

아이 아빠는 끄덕여 버렸고, 나는 펑펑 쏟아내는 딸애 눈물의 의미를 헤아리며 이러지도 저러지도 못한 채 입안만 타들어 갔다. 밥이나 먹고 떠나라며 차려준 밥상머리에서 청년의 서툰 젓가락 놀림에 내 눈이 꽂히고 만다. 이리저리 뒹구는 반찬처럼 딸의 삶이 뒤채이지 않을까에 생각 미치니 마음 한쪽이 흐트러지며 아뜩하다.

이슬같이 영롱하고 여린 내 아이, 고생문 안으로 어이 들이밀까. 귀한 내 딸을 타국에서 혼자 울게 하기는 정말 싫은데, 아린 가슴 허망한 어미 심정을 뜨거운 청춘들은 알아차리기나 하려나.

독립해서 산 지 십수 년이지만 뺏긴다는 이 아픈 심사를 어이 달랠까. 딸 가진 부모의 비애가 눈물에 앞서 분통으로 터지지만 청년의 서글서글한 눈매에 묵직한 목소리와 당찬 콧날이 믿음직한 게 다행이다 싶은 건 내 스스로 위로 받고자 함이려니.

걱정 붙들어 매려고 다짐해도 둘의 사랑만으로는 순순히 풀지 못할 것 같은 그쪽 부모의 뒤얽혔을 갈등은 어떻게 삭힐까. 더욱이 사업 실패로 어려운 집안 경제를 짊어지고 있다 하니 젊은 어깨가 무척 고단해 보였으나 어쩌랴. 서로 다독이며 힘을 주고받기를 염원하며 꼭 잡았던 딸의 손을 놓았다.

낯선 청년아! 어느 먼 시절에 우리 분명 만났었겠지. 인연은 돌고 돈다는데 그때 내 아이 등 토닥여 주며 지친 삶이지만 힘내라고 했을 것만 같아. 처음 만났지만 구면인 듯 다가온 자네에게 깨끗이 승복할게. 잘 살아야 하네!

이어도 사나

영이야, 잘 지내니. 사십여 년 세월이 흘렀지만 너와 이별한 날이 얼마 전 일인 듯 뚜렷하네. 생각나니? 네가 저고리 앞섶의 딸기 매듭 단추를 매양 만지고 다녀서 우리가 놀렸었잖아. 만날 엄니 젖꼭지 만진다고. 엥 토라져서 눈썹을 실그러뜨리는 게 재미있었어. 네 어머니가 손바느질로 만들어 준 하얀 나들잇벌 저고리와 까만 치마를 입고 매초롬하게 상큼상큼 걷던 걸음발이 지금도 눈에 선해. 대여섯 명이 몰려다녔지만 서로 의견이 어긋난 적도 없었지.

진분홍 개복숭아 꽃이 참말로 고왔던 봄날, 너는 열여덟 나이에 용감하게 동네 아주머니들 따라 울산에 물질하러 간다고 했어. 나는 가슴 철렁했지만 우리보다 조숙했기에 그런 용기가 났나 싶어.

바닷속 해초를 캐어 올릴 때면 망사리 가득 들어올려서 샘도 났지만 갯것이 잡이 하다 물에 빠져도 네가 구해 줄 거라는 깜냥이 있어 좋았는데….

그해 늦가을 비 추적추적 내리던 날, 한 줌의 재가 되어 버린 네가 동네 어귀로 들어서더라. 아득하게 모진 슬픔도 같이. 그해엔 너의 집 명물인 울타리의 구기자가 왜 그리도 많이 열렸다니? 오며가며 기웃거려 보면 새빨간 열매가 가을 내내 긴긴 올레에 떨어져 피눈물같이 물들이고 있었어.

네가 그랬지. 돈 많이 벌면 편물 기계 사서 어머니 두툼한 스웨터 짜서 입히고 싶다고. 그 꿈도 숨비소리 멎는 순간 가뭇없이 사라져 버렸잖아. 아무리 기다려도 떠오르지 않는 주인을 기다리던 테왁* 은 거친 풍랑에 떠밀려 어디로 흘러가 버렸을까. 해초에 감겨 몸부림치는 몸을 무정하게 빠져나온 네 넋은 난바다에서 얼마나 황망했을까.

그 후, 바다 낚시하다 파도에 휩쓸려 죽은 이웃 동네 청년하고 영혼 결혼할 때를 난 잊을 수가 없어. 오막살이 어둑한 방 시렁에 얹어 놓은 소복 두 벌이 하얗게 빛나는 게 어찌도 그리 가엾고 눈물겹던지. 네게 잘 가라는 마지막 절을 하고 도시 일어설 힘이 없더라. 촛불도 서러워 뚝뚝 눈물 흘리는 방에서 시렁 위만 쳐다보는 네 어머니를 보며 더 힘들었어.

친구야, 너의 넋은 솔방울처럼 떠돌다 피안의 섬 이어도에 가 있을 거라 믿어. 해녀들의 이 세상 끝 천국이라는 그곳에서 오붓한 가정 이뤄 잘 살고 있겠지. 부디 이승에서 못다 한 삶 영원토록 누려다오. 오늘, 널 목청껏 부르고 싶다.

친구야, 보고 싶구나.

* 테왁: 해녀가 물질할 때, 가슴에 받쳐 몸이 뜨게 하는 공 모양의 기구. (제주어)

<사운드 오브 뮤직>에 빠지다

마음은 어느새 알프스 산자락을 넘나들려 한다. 오스트리아 국경을 건너 잘츠부르크로 달려가며 금방 밟게 될 곳들을 영상으로 보는 재미로 기분은 한껏 달뜬다. 여 주인공인 마리아의 '산들이 살아 움직인다네.'라는 청아한 노랫소리에 혹하여 창밖으로 눈을 돌리니 산이 꿈틀거리며 내게로 온다. 야생화 향기 가득 품고 나를 기다리고 있을 것 같은 산이 싱그럽다.

비록 관광버스 안, 티브이 브라운관이지만 백여 년 이래 가장 기념비적인 명화이니 방영 장소가 뭐 대수인가. 나는 영상과 현실 사이를 오가며 아이가 토마토를 받지 못해 울먹였던 대학 광장을 누볐고, 시시각각으로 변하는 낯선 풍경 속에서 일곱 아이들이 마리아를 에워싸고 뛰쳐나올 것 같은 착각을 하기도 했다.

영화의 시작은 수습 수녀인 마리아가 일곱 명의 자녀를 두고 있는 해군 대령의 집에 가정교사로 가면서 실마리를 푼다. 그녀의 자유스러우면서도 진정성 있는 행동은 아이들의 천진함과 어울려 초입부터 빛을 발한다. 영상예술로서 성공의 단초인 가족애와 로맨스, 조국애를 가운데 두고 펼쳐지는 것이다.

마리아는 수녀원 안에서도 고개를 내두르는 말괄량이지만 주위의 모두에게 사랑 받았다. 기도 드리는 것을 좋아하지만 그보다는 알프스의 드넓은 대지 위를 사슴처럼 뛰어다니는 것을 더 좋아했고 자신만의 노래에 빠져 기도 시간을 곧잘 잊기도 한다. 그녀의 활달하고 노래 좋아하는 성격은 수녀로 일생을 마치기보다는 사회의 따뜻한 등불이 되어 더 큰일을 하기 위해 준비된 존재였나 싶다.

폰트랩의 굳을 대로 굳은 자세는 부인을 잃고 혼자 일곱 남매를 키워내야 하는 아버지의 절박함이기도 하여 연민의 정으로 와 닿는다. 엄마 없는 가정에서 군대 조직처럼 생활하는 일곱 명의 폰트랩 가의 아이들과 마리아는 갈등하게 된다. 엄한 아버지의 교육과 갑자기 나타난 가정교사의 자유분방함 사이에서 아이들은 갈팡질팡하게 되지만 마리아의 진심을 담은 정성으로 가련하리만치 경직된 그네들의 일상이 서서히 녹아내린다. 하여 일곱 아이들과도 틀에 얽매어 있는 교육보다는 자연과 더불어 사랑과 감성을 키워 나간다.

그에 큰 힘을 주는 건, 같이 어울려 부르는 노래였다. 어려운 순간에도 음악이 있어 해피하게 전개되는 흐름에 관객은 같이 행복해하며 응원을 보내게 되는 것이리라. 연이어 아이들 교육 문제로 마찰을 일으키면서도 마리아와 폰트랩 대령의 서로 갈구하는 듯 애환서린 눈빛의 교차는 마른침을 삼키게 할 만큼 짜릿하다.

갈등이 없는 삶은 마디 없는 대나무 같은 것. 마리아는 폰트랩 대령을 사랑하고 있는 자신을 자책하고 괴로워하며 모든 걸 포기하려 한다. 그러나 수녀원장의 말에 용기를 내어 대령에게 돌아가게 되는 장면에서는 나도 모르게 응원의 박수를 보냈다. 이때 흘러나오는 음악도 일품이다.

후반부 절정의 순간들, 독일의 오스트리아 합병은 폰트랩 대령을 숙명적인 망명의 길로 이끌고 가며 숨 막히는 장면을 연출한다. 폰트랩 대령이 조국 오스트리아를 대표하는 〈에델바이스〉를 잔잔히 부르고 있는 사이, 가족들이 국경을 넘는 찰나의 시간은 숨 막힐 듯 가슴이 조여들었다.

소중한 가족의 안녕을 염려하며 부르는 노랫소리는 절박한 기도였다. 긴박했던 순간에도 순결한 에델바이스를 어루만지듯 감미롭게 노래하는 폰트랩 대령, 명장면이다. '아름답게 피어 조국을 영원히 지켜다오.'라는 간절한 눈빛이 지금도 눈에 선하다.

4월 초인데도 골짜기에는 잔설이 있어 조석으로 공기가 서늘하다. 이 청청한 기운이 도시를 정화시키는지 장거리 여행과 시차에도 발걸음이 가볍다. 알프스 한가운데에 자리한 잘츠부르크는 인구가 15만 명에 불과하지만 한 해 관광객은 9백만 명이 다녀간다고 하니 모차르트와 〈사운드오브뮤직〉의 명성에 힘입어 많은 관광객을 유치하는 이곳은 정령 신이 내려준 예술의 도시임이 부러울 따름이다.

미라벨 정원은 아름다운 야생화 대신 사람들의 손길로 꾸며져 있어 아쉬웠지만 정원을 배경으로 〈도레미 송〉을 부르는 일곱 아이와 마리아의 흥겨운 장면을 연상하니 저절로 멜로디를 흥얼거리게 한다. 마리아가 수녀원을 나와 대령 집에 가기 위해 기타와 여행 가방을 들고 광장을 지나며 부르던 노래는 지금 들리지 않지만 분수에서 뿜어져 나온 물방울들은 그때의 가락을 따라 읊는 듯 잔잔히 깔린 물안개 위에 너울진다.

어언 반세기 전에 만들어졌음에도 가장 완성도 높은 음악이라는 〈사운드오브뮤직〉은 주제의 흐름에 윤기를 더해 주는 노래를 통해 교감을 나누는 뮤지컬 영화다.

이 영화의 이미지와 주제가 논픽션적이라 더 정겹게 와 닿는가. 아이들 아빠인 폰 트랩은 실존 인물이라 한다. 트랩 가족이 겪은 실화를 뮤지컬로 만든 것으로 가정교사인 마리아와 재혼을 하게 되었고 2차 대전이 시작될 무렵 오스트리아를 떠나 미국에 거주하게 되면서 가족 합창단으로 활동했단다. 실제 트랩 대령의 딸이 93세의 나이로 70년 만에 고국을 방문했다는 소식이 언론을 통해 알려져 화제가 되기도 했다니 가히 명작의 힘은 대단하다. 세월이 영화의 주인공들을 사위어 가게 했지만 발자취는 옛적 그대로 도시 전체에 골고루 뿌리내려 있다.

명화와 현실 사이를 오갔던 이번 여행은 알프스의 별인 에델바이스 꽃말인 '소중한 추억'으로 남을 것이다. 나도 문학의 힘을 빌려서라도 더 이상 마음의 나이를 먹지 말아야지.

아! 역사는 돌고 돌아도 늙지 않는 예술의 힘이여.

어우렁더우렁

다목적실에 열꽃이 핀다. 울긋불긋한 꽃들 때문에 미묘한 기류가 흐른다. 예쁘고 화려한데 보기에는 거북하고 난처하다. 올 입춘 무렵 중국 처녀가 우리 집으로 이사 오고 나서부터다. 공동 빨래터가 열기에 휩싸이는 느낌이 화사하기는 하다.

본채와 바깥채를 의지해서 지붕만 얹어놓은 다목적실은 사내 냄새만 풀풀 풍기던 곳이다. 세 들어 사는 사람들 용으로 세탁기 3대가 나란히 있는 빨래터다. 울타리를 지나는 바람이 몸 풀기에 안성맞춤이고 아침나절은 햇빛도 잠깐 머물다 간다. 청바지나 군용 점퍼 같은 옷가지 등이 널려 있어 묵직하고 칙칙했던 그곳에 요새는 알록달록한 꽃이 피고 진다.

이 공간을 같이 쓰고 있는 두 청년은 사십대를 훌쩍 넘긴 노총각들이다. 몇 년을 같은 울타리 안에 살면서 이제나저제나 좋은 짝 만나 장가가기를 바라건만 통 그럴 기미를 보이지 않는다. 이들은 방탕한 생활로 말썽을 피운다든지 쓰레기를 함부로 버리는 등, 주인인 내가 신경 쓸 일을 한 적이 없다. 언제 출근하고 퇴근하는지 모를 정도로 조용하다.

한 청년은 트럭을 몰고서 포장 비닐을 배달하며 성실하게 생활하고 있고 또 한 이는 잡일을 하는지 워커에 페인트나 시멘트가 잔뜩 묻어 있다. 한 청년은 연말이면 위층에 올라와 무릎 꿇고 앉아 "더 드리지 않아도 되겠습니까?"라며 공손히 집세를 건네는 데 한 친구는 삼 년 동안 집세를 모르쇠로 지내고 있다. 하지만 건장한 청년들이 혼자 사는 게 안쓰러워 김장이나 명절 음식 등을 눈치껏 건넨다. 한 올레 이웃으로 너나들이하며 지내고 싶어 기웃거리지만 주인 행세로 보이지 않을까 늘 조심스럽다.

중국 처녀는 치렁치렁한 머리에 방긋 웃는 미소가 어여쁜 보기 드문 미인이다. 말은 통하지 않지만 삽삽하고 사근사근하다. 우리 집에서 두어 집 건너 있는 중국 식당의 종업원으로 열심히 생활하는 그녀의 빨랫감은 매일 번갈아 빨랫줄에 널린다. 널린 빨래를 보면 천방지축으로 멋모르고 덤벙거리는 성미일 것 같아 내심 염려되는 면도 있지만 제주에 잘 적응해서 행복하게 살았으면 하는 마음이다.

여성의 평상 의복들이지만 목이 깊게 파인 티셔츠며 하얀 바지조차도 왠지 요염해서 사람의 눈길을 잡는다. 하늘거리는 팬티는 반쪽으로 접혀 있어 조신하게 옴츠린 채로 매달려 있건만, 브래지어는 걸개가 달린 끈을 빨래집게로 집어 내려뜨렸으니 오목과 볼록이 살랑바람을 핑계 삼아 온갖 모션을 해댄다. 가관이다.

아무리 몸부림쳐도 오목과 볼록은 따로 놀고 있다. 서로 염원하지만 닿지 않아 더 요동치는가. 배시시 웃음으로 인사를 대신하는 얌전한 주인답지 않게 이 물건은 도시 부끄럼 탈 줄을 모른다. 가끔 볼록이 맞대어 널려 있을 때는 바람의 성화에 서로 등만 비빗거리지만 희멀건 오목은 바라기 되어 이국에서 생활하는 그녀의 외로움을 담는 그릇으로 보이기도 하고, 기억상실증에 걸려 체온의 따스함을 잃어버린 노인의 퀭한 눈망울처럼 쓸쓸하기도 하다.

타국에서 생활하느라 사소한 것에 신경 쓸 겨를이 없어서인지 아니면 원래 살아온 습관인가는 알 수 없지만 일단은 모른 척하고 있다. 언젠가는 눈빛 날 세운 총각들과 대면하면 느끼는 게 있겠지 싶다. 자중해서 빨랫감 중 내의는 더러 집 안에서 말렸으면 좋으련만.

성인 여자의 필수 의류이니 그렇고 그러려니 하련만 두 노총각이 드나드는 입구인지라 오가며 널린 모양을 볼 때마다 신경이 쓰여 자꾸 들여다보게 된다. 남의 빨래를 함부로 거둬들일 수도 없고 성인에게 이래라저래라 참견할 수 없지 않은가.

여성 내의 중 브래지어는 천과 천 사이에 보형물을 넣어 형을 잡기 때문에 가장자리를 빼고는 도톰하다. 그러니 햇빛에서 말려야 좋기도 하겠거니와 위생상 감싸거나 겹쳐서 말릴 수는 없다. 부르카를 휘두른 이슬람여인처럼 브래지어를 천으로 가려 말릴 수 없는 노릇이기도 하다.

이슬람 문화에서는 여성들은 밖으로 나타내는 것 중에 이성을 유혹하는 그 어떤 것을 보여서도 안 된다고 하면서 차도르, 히잡 등을 착용케 한다니, 우리의 정서로는 답답한 노릇이지만 아래층 다목적실은 여자의 눈으로 봐도 영 불편하다.

남편과 둘이 사는 위층에서는 내 속옷들이 빨랫줄에 널려 바람에 나부껴도 별 느낌이 없는데 노총각 둘이 지나다니며 눈을 줄 거라는 생각에 닿으면 아래층 처녀의 빨래는 벌 나비를 부르는 꽃처럼 유혹적이다.

원래 중국인들은 빨래를 널 때 주위의 시선을 아랑곳하지 않는다는 걸 둘째와 같이 상해에 한 달 가까이 머물면서 터득은 했건만, 주인 노릇하려면 기회를 봐서 한마디는 해야 할 성싶다. 그러나 하잘것없는 것으로 호랑이를 잡는다는 고사성어도 있잖은가. 장가들지 않는 우리 집 노총각들이 장가갈 마음이 들게 꽃들아 미끼 되어 부추겨 다오.

팔랑팔랑 오목과 볼록이 바람 일으켜 어우렁더우렁 꽃, 활짝 피었으면 좋겠다.

가을 물들다

제주의 가을 풍경엔 억새꽃도 한몫 거든다. 그중, 따라비오름은 이 꽃이 있어 더욱 매력을 돋운다. 능선 따라 일렁이는 가을이 가히 특별하다. 세 개의 봉우리로 형성된 이 오름은 분화구가 세 곳에다 봉우리가 무려 여섯이다. 굽이굽이 능선을 걷는 재미가 쏠쏠하다. 분화구 안에는 마치 하얀 카펫을 깔아 놓은 듯 억새가 장관을 이룬다. 이들은 여름내 달구어진 땅에서 푸른 정기를 머금었다가 선선한 기운이 감돌면 꽃대를 들어 올리며 하얀색 가을을 무르익게 한다.

갈바람 잔잔한 날이면 상큼한 아침 햇살에, 한낮 쪽빛 하늘에, 저녁 붉은 석양에, 시시각각 얼굴 달리하는 억새를 마음껏 감상하는 안복을 누리게 한다. 그러나 제주 바람이 어디 그리 만만한가. 바람 사나운 날이면 마치 너울 넘실대는 바다처럼 역동적이다. 억새의 율동이 바람 부추김에 파도처럼 물결친다.

제주 바다도 소리쳐 울 때가 아름답다 했거늘, 나긋나긋한 억새꽃에게 강쇠바람이나 건들마바람이 들이대야 제주 바람의 참 맛을 볼 수 있다. 이 시기가 되면 비너스의 고혹적인 허리선을 닮았다는 따라비오름은 때를 만난 듯, 바람이 보이는 풍경화가 된다. 햇살 눈부셔 얼굴 반쯤 가리고 비스듬히 누운 카바넬의 비너스를 연상케 한다. 풍만한 곡선을 바람에 내맡긴 채 우윳빛 출렁이는 여심의 바다, 이때의 오름은 온통 격정으로 몸부림친다.

억새가 피기를 별러 오던 참이라 작업하기 좋은 선선한 날을 택했다. 따라비 오름도 오를 겸, 집을 나설 때부터 작업용 장갑과 망태기를 준비했다.

오며가며 눈여겨 두었던 길가의 묵정밭으로 들어갔다. 봄에 볼 때는 모도록한 억새그루터기들이더니 온 밭이 억새로 가득하다. 작심한 터이니 억새의 수난은 불 보듯 한 일이려니.

금방 머리 감고 물기 머금은 채 찰랑거리는 여자 아이 머릿결 같을 때, 그 즈음이 제격이다. 가을을 가장 곱게 물들게 하려면 막 피어오르려는 순간을 잘 집어야 하는데 시기를 제대로 잡은 것 같다.

푸름 머금은 듯 자줏빛 윤기 흐르는 가닥들, 소녀처럼 수줍게 고개 숙인 모습들이 마음에 걸리지만 어쩌랴. 염색물을 제대로 내리려면 무정하리만치 매정해야 한다. 피어오르려고 고개 내민 부분을 잡아채야 하니까. 손아귀의 힘을 모아, 휘어 채듯 뽑아 올려야 쏙 빠져 나온다. 뽀드득 뽑히는 줄기에 말간 물이 배어 나오기도 한다. 실크 못지않은 촉감을 지닌 이때는 줄기가 연해서 깨물면 아삭거리는 식감과 함께 단물이 입안에 돌며 제법 먹을 만도 하다.

억새밭에 들어서니 뜨악하던 마음은 간곳없다. 마구 휘젓고 짓밟으며 채취했다. 사방에 지천이니 들고 간 망태기가 금세 가득 찼다. 뒤돌아 나오는데 억새 잎이 나의 무지막지함이 미웠는지 톱날 같은 잎사귀를 얼굴에 바싹 들이댄다.

아뿔싸. 심지인 꽃대가 앗김을 당해 버린 줄거리가 하늘바라기로 허정거리네. 꽃 대궁 텅 빈 이 억새들, 제주의 모진 바람을 어이 견뎌낼꼬.

젊은 시절, 뱃속 아기집을 통째로 들어내 버린 친구가 있었다. 삶을 포기한 듯 초점 없이 멍한 눈동자에 마음의 허기로 누렇던 얼굴과 대궁 뽑혀 꽃대 가누지 못하는 억새, 이제야 눈앞에 그네들의 허무한 서글픔의 정체가 뚜렷이 보인다. 미안해, 미안하다.

함초롬히 피어오르려던 꽃들을 뽑으니 마음 한쪽이 서늘하긴 하지만 애당초 태어나면서도 이별을 노래하는 기구한 운명이 아닌가. 내 눈에 잡혀 태어나자마자 뽑히는 신세가 됐지만 이것도 인연인 걸.

염색 재료인 억새를 푹푹 삶았더니 올올이 숨겨 놨던 갈색 혈을 끓는 물에 와락 쏟아 놓는다. 가으내 몸 흔들며 계절을 노래하려 모아 놓은 기력을 남김없이 풀어 버린다. 홀씨 또랑또랑 맺혔던 올들이 한순간에 누르죽죽하게 변하면서 파죽음이 되어 사그라져 버렸다. 보드랍고 청초하게 살랑거리던 살결은 그 어디에도 없다.

'흔들리며 백발이 되고 그 백발이 갈가리 빠지도록 생의 거반을 시련으로 사는 억새들아, 진액을 우려내는 과정이 좀 혹독하긴 해도 때깔 고상한 옷의 격조 속에서 기품 있게 오래 깃들어 사는 것, 그것도 좋지 않겠나. 생물이면 반드시 거쳐야 할 생사가 일찍 도래했을 뿐이라 마음 달래 보시게.' 억새들의 본풀이라도 해주는 양, 혼자 중얼거린다.

염색물을 내리려 소쿠리에 쏟았더니 서로 한 몸 되어 부둥켜안은 채 엉겨 붙어 있다. 생을 포기한 후, 노곤하게 혼이 빠져 버린 억새는 이제 한낱 지푸라기다. 자루에 쑤셔 담으면서도 마음에 거리낌이 없으니 뒤치다꺼리는 한결 편하다.

정염해서 다듬어 놓은 인견을 뜨뜻한 염색물에 천천히 담근다. 고부라지며 가을물 속으로 곱이곱이 빠진다. 이십여 분을 골고루 침잠시키니 눈에 안 띄던 자잘한 꽃무늬가 도드라지게 드러난다. 헹구고 매염제에 잠시 담갔다가 가을볕에 말렸다.

억새꽃이 인견 속에 순식간에 들어와 안겼다. 해 지는 하늘가에 운무 한 자락을 뚝 떼어다 놓은 것 같다. 옥상에서 먼빛으로 바라보는 한라산의 아득함과 닮아서 놀랄 지경이다.

내가 청하긴 했지만, 억새가 선물한 가을물 먹은 인견으로 무릎 밑까지 살랑거리는 원피스를 지어 입어야지. 피기도 전에 뽑혀 버린 억새의 한도 달랠 겸, 갈바람에 휘날려 줄 스카프도 만들어야겠다.

괜히 울고 싶고 가슴 까슬까슬 한 날엔 꺼내 입으리. 억새꽃 닮아 가는 머릿결 날리며 은혜로운 나의 가을을 즐겨야겠다. 산야의 휘몰이 바람에도 물결로 승화하는 그네들의 향연을 한껏 펼쳐 보이리.

백발일 때 가장 절정인 꽃, 저 따라비에 너울 치는 억새처럼.

아웅산 테러리스트 강민철

벌써 삼십여 년이 지났다. 남한에선 국경일이기도 했던 한글날 오전, 거대한 폭음과 함께 미얀마의 아웅산 묘소가 순식간에 폐허로 변한 뉴스를 접한 게 얼마 전인 것 같은데. 이름조차 가물가물해버린 한 청년의 생애와 인간적인 진실을 들여다볼 기회를 동네 기적의 도서관에서 접했다. 책장을 넘길수록 내용이 거침없다.

'작가의 본능은 보는 것이다. 그래서 나는 본다. 그리고 사태를 파악한다. 나는 정감적인 사물의 본령을 제대로 깨닫는 뉴 휴머니즘인 인도주의자다.' '아웅산 테러리스트 강민철'을 세상에 내놓으며 작가 라종일이 한 말이다.

당시 우리나라 전두환 대통령과 장관 일행이 참배하기로 예정된 아웅산 묘소에 대통령은 4분여 늦게 출발해서 사고를 모면했지만 먼저 참석해 있던 장관급 인사 등 한국인과 미얀마 현지인은 참상을 당하는 끔찍한 테러였지 않은가.

그 당시 하늘이 도왔는가, 일촉즉발의 위기에서 살아 돌아오신 전두환 전 대통령이 조만간 자서전을 낼 예정이란 기사가 요즈음 눈에 띈다. 인간의 삶에서 고비 고비가 없지 않겠지만 국운까지 휘청거리게 했던 아웅산 테러 사건을 어떤 시각으로 해석할지 자못 궁금하다.

한 나라의 거물 17명이 그 자리에서 운명을 달리했고 까딱했으면 일국의 대통령도 태풍 앞에 촛불일 뻔했던 테러 사건, 그 주동자에게 세월을 에돌아 와서, '인간적인 연민을 느낀다.'라며 포문을 연 작가 라종일은 어떤 사람인가. 서울대학교 정치학과 졸업 후, 영국 케임브리지 대학교 정치학 박사이며 1998년 국가안전기획부 국정원에 근무했고, 주 영국 대한민국 대사관 대사 등 문무를 모두 겸비한 학자다.

남북 냉전의 시대에 있는 우리는 기나긴 정신적 재난을 겪으며 살고 있다. 좁디좁은 땅덩이 위에서 동족끼리 이렇게 긴 세월을 분단의 갈등으로 치고받는 나라가 이 우주 안에 또 어디에 있는가. 아웅산 테러사건도 북한은 남한을, 남한은 북한을 서로 오해했다. 진원지인 미얀마에서 북한의 소행으로 판명돼서 다행히 민심은 곧 안정됐지만 테러 직후, 미얀마 정부는 남한의 자작극 또는 남한 내

반정부 세력의 소행일 가능성에 무게를 실어 불난 집에 부채질하는 꼴을 만들기도 했다. 초기 불충분한 판단으로 한국의 자작극 음모론을 뒷받침했지만 미얀마 수사 당국이 엄밀히 조사한 결과, 북한의 소행이라는 점이 명백히 밝혀져 얼마나 다행이었나. 당시 미얀마는 비동맹 국가로서 한국 또는 미국의 눈치를 볼 처지가 아니었으니 의심할 필요는 전혀 없다고 본다.

만약 테러가 성공했다면 어떤 일이 벌어졌을까. 테러 이후 미국 측은 한국에 대해 침착한 대응을 강력히 주문했다 한다. 미국은 전쟁을 원치 않았다는 게다. 며칠 전, 오바마 대통령은 작금의 북한 행태를 지적하며 핵실험과 미사일 시험 발사 등 도발 행위를 해오고 있는 북한을 무력으로 파괴할 수도 있지만 한국 등 우방국 보호를 먼저 고려해야 한다고 밝혔지 않은가. 만의 하나라도 우발적인 동족상잔은 없어야 하리.

저자가 에필로그에서 밝혔듯이 이야기를 끌고 가는 핵심은 '구겨져 버린 한 젊은이의 생과 두 세대에 걸친 남북한의 부조리 가득 찬 현실에 대한 고발'이지만, 그 부조리한 현실은 소크라테스의 문답법의 아이러니처럼 옳게 아는 자가 아니라 안다고 우겨대는 자들로 둘러싸였으니 암울할 뿐이다.

북한은 아웅산 테러 사실을 끝까지 부인했다. 그러니 실패한 테러범 강민철은 북한에서는 지워진 이름이었다. 그는 아웅산 테러에 대한 북한의 입장 발표를 텔레비전으로 접하면서 인간을 한번 쓰고 버리는 일회용 도구보다도 못하게 취급당한 것을 안 순간, 큰 충격을 받았다고 한다. 그를 훈련시켜서 미얀마로 보냈던 북한 당국은 테러에 대해 전혀 모르쇠로 일관했으니.

그의 이런 깨달음을 뒷받침한 사례는 또 있다. 테러 직후 도망치다 포위당했을 때, 그는 수류탄을 꺼냈다. 안전핀을 뽑았는데 바로 폭발했다고 한다. 정상적인 수류탄이라면 던지고 나서 일정 시간이 지난 뒤에 폭발한다는데 죽은 다른 테러범들이 갖고 있던 수류탄 역시 안전핀을 뽑자마자 터졌다고 한다. 북한 당국이 일부러 특수한 수류탄을 지급한 것이 명백했다. 안전핀을 뽑자마자 터질 수류탄을 지급해서 테러범들의 선택과는 무관하게 자살로 처리되게끔 계략을 세운 악독함, 그래야 북한은 테러가 자신들과 무관하다고 잡아뗄 수 있으니까.

정의, 민족, 자주 등 거창한 명분을 내세우지만 실상은 만만한 약자를 골라 쓰다 버릴 뿐인 권력에 대한 환멸, 그게 그를 신앙으로 이끌었다. 그래서 기독교 신자가 됐고 감옥 안에서 새로운 삶을 살았다. 하지만 권력에 대한 환멸은 그걸로 끝이 아니었다. 북한에 정이 떨어진 그는 남한으로 오기를 원했다. '나는 누구이고, 왜 이상한 나라에서 이상한 존재로 살아가고 있는가. 한국인이 살고 있고 한국말을 할 수 있는 곳에서 단 하루라도 사람다운 삶을 살다가 죽고 싶다'라고 말한 강민철. 그러나 남한의 군사 정부와 민주 정부는 각기 나름의 이유로 그를 받아들이지 않았단다.

우리는 죄는 용서하되 역사는 잊지 말자는 말을 흔히 한다. 그러나 아웅산 감옥에서 25년 수감 당했다가 2008년 사망하기까지의 강민철, 그의 일생을 들여다보며 저지른 만행에는 고개 돌리지만 한국에서 단 하루라도 살고 싶다고 희망했던 부분에서는 연민이 일지 않을 수 없었다.

작가는 남북 간의 분쟁을 이렇게 표현했다. '사악한 갈등의 연속이라고.' 같은 종족끼리가 더 사악한 싸움을 벌인다고 했다. 그러면서 사악함의 표현으로 화가 이중섭이 1953년 전쟁 당시 스케치 한 그림을 일례로 든다.

얼굴은 사람인데 몸은 짐승인 두 사람이 한 사람은 도끼를 들고 한 사람은 망치를 들고서 싸우는데 불행하게도 두 사람의 꽁무니에 꼬리는 서로 묶여 있다. 서로 싸우다가 헤어질 수 없는 운명이라는 것이다. 더구나 망치와 도끼라는 무기가 피장파장이 아닌가. 여기서 한번 치면 저쪽에서도 한 방 날리고 두 방 치면 두 번 날리고….

우리는 묶인 꼬리를 풀고 도끼와 망치를 무장 해제시켜야 한다. 오죽했으면 이 그림을 북한과 남한의 현실을 비유한 그림이라고 했겠는가. 이중섭은 계속 싸울 수밖에 없는 남북 관계를 안타까워하며 스케치했을지도 모른다.

진실은 어느 누구도 이길 수 없다고 한다. '강민철은 흉악하고 끔찍한 범죄를 저지른 범죄자지만 남과 북 사이의 갈등으로 빚어진 희생자이기도 하다.'는 게 저자의 강렬한 시각이다. 테러리스트 한

인물의 비극적 삶을 통해 남북분단의 아픈 상처를 보여 주고자 하는 라 작가는 남북한 갈등을 파헤치고 싶어서 강민철에 대한 평가에 나섰는지도 모른다.

북은 강민철을 정치적으로 이용하고 버렸다. 그는 왜 남북 모두에게 외면 당했을까. 저자가 강조하고 있는 것은 '극악무도한 테러범'이란 단어에는 수많은 진실이 함몰되어 있다고 역설한다. 그의 죄는 밉지만 남북분단이 계속되는 한 수많은 '강민철'이 만들어지고 버려질 것이란 걸 경계해야 한다는 메시지도 담겨 있다.

한 테러리스트를 바라보는 따뜻한 시선은 이 책을 단순한 흥미가 아닌 잔잔한 아픔으로 다가오게 만든다. 그리고 작가가 서두에서 밝히듯 '그럴 듯한 명분을 내걸고 벌이는 어리석은 권력 투쟁의 제단에 희생되고, 이용 당하다 버려지는 젊은 생명들'이 더 이상 없어야 한다는 데 크게 공감한다.

북한 테러리스트의 삶과 죽음을 빌려 아웅산 테러사건을 다시금 조명한 저자는 우리가 숙명처럼 안고 있는 남북 대결의 비극을 논하고 나아가 국가 폭력의 야만성을 고발한다. 저자는 강민철을 한 번도 만난 적이 없지만 사건에 관여한 이의 회고록과 옥중에서 강민철과 인연을 맺은 이들의 증언을 토대로 테러리스트 강민철과 남북을 간곡하게 그려 나갔다. 그 이유는 무엇일까.

많은 세월이 흘러갔지만 지금도 북이건 남이건, 제2의 강민철이 국가권력에 의해 숱하게 말살당하고 있다는 사실을 다시금 환기시키기 위함이 아닐까 싶다. 저자는 그럴 듯한 명분을 내걸고 벌이는 어리석은 권력투쟁에 희생된 수많은 젊은 생명들에게 이 책을 바친다고 했다. 과거는 살아 있다는 뜻인 게고 미래에는 그 씨앗들이 자라 악의 축이 누구인가 밝혀질 게다.

저자는, 강민철을 미화하거나 영웅시하려는 것은 결코 아니란다. 다만 수많은 다른 테러리스트와는 구별해야 한다고 말한다. 특수부대 장교였던 강민철은 국가가 제공한 것 외의 정보에 접근하거나 자유로운 생각을 할 수도 없었고 지령을 내린 국가는 매몰차게 그를 차 버렸다는 사실에 주목한다.

차이고 밟히며 분단의 틀에 끼여 고초를 당한 한 인간의 고달팠던 일생이 너무 허무하다. 마지막 페이지를 넘기며 시월 하늘가로 눈을 돌렸다. 뜬구름 한 자락, 갈 곳 몰라 허정거린다.

내 탓이오

텃밭에 검은 콩을 심었다. 작년에 당한 일을 떠올리며 올해는 그물망을 단단히 덮었다. 열흘 후, 떡잎이 제법 벌어졌을 거라 기대하며 밭에 갔건만 이게 웬일인가.

떡잎들이 거의 뜯겨 성한 게 별로 없다. 심는 날 먼발치서 감돌던 고놈, 눈치 보며 다가오는 비둘기를 표독스레 쫓아내던 까치 짓이 분명하다. 모서리 쪽 그물망은 약 올리듯 들추어져 바람에 팔랑거리고 있다. 심자마자 잽싸게 들췄는지 싹이 났던 흔적조차 없다. 구멍이 좀 성글다 염려는 했지만 용케도 빼 먹었다. 얄궂기도 해라.

우리 애들이 어릴 적 일이다. 집 앞 전봇대에서 전기 기사가 까치집을 허물어 내는 것을 본 적이 있다. 갈고리로 전선과 전선 사이를 헤집으니 온갖 잡동사니가 떨어졌다. 플라스틱 포크에서부터 빨대와 나뭇가지 등이 어지럽게 바닥에 나뒹굴었고 금방 알 속에서 깨어 나왔는지 눈알만 커다랗고 털도 없는 새끼 세 마리가 떨어져 있었다. 먼발치서 어미까치는 깍깍거렸고 아이들은 땅에 떨어져서 핏덩이로 곰지락거리는 어린 새끼들에게 다가가 어쩔 바를 몰라 했다. 애들을 멀리 떼어 놓으면서 작업했던 아저씨에게 무정타 얼마나 원망했었나. 요새 제주에 까치들의 작태를 보면서 그때의 애처로웠던 감정은 식어 버렸다.

까치는 날개가 짧고 둥근 모양이라 웬만한 산맥이나 해협도 넘지 못하는 텃새다. 그러니 태평양을 넘어오지 못해서 이십여 년 전까지도 바다로 격해 있는 제주에는 살지 않았다. 그 후, 한 스포츠 신문사가 창간 20주년 기념행사의 일환이라 나섰고 모 항공사의 후원으로 제주에 오십여 마리 까치를 방사했다. 전국 각지에서 포획한 까치들을 해양 적응 훈련까지 시켰다나. 언론들은 '길조, 까치 대가족 합창' 현수막까지 내걸어 열렬히 환영했다지 않은가.

제주에 길조를 선물한다는 의미의 시작은 좋은 취지였지만 지금은 엄청난 부작용을 일으키고 있으니 문제다. 아무런 분별도 없이 제주에 들여와 놓고 길조가 흉조로 변했다느니, 불청객이니 야단법석이 났다. 비행기로 정중히 모셔왔으니 까치 입장으로 보면 불청객이 아니긴 하지만 이 새의 생활력이 너무 치열해서 대표적인 흉조로 낙인찍어 버린 게다.

한겨울에도 먹잇감이 널려 있는 제주 환경에서 까치는 기하급수적으로 번식하여 들여온 지 십 년 만에 유해 야생조수로 지정됐고, 무제한 포획해도 좋다는 결정을 내리기에 이른다. 국립환경과학원이 제주까치를 '생태교란 야생동물'로 지정할 것을 권고했을 정도다. 까치의 입장에서 보면 억울할 일이다. 제주에서 잘 살아 달라고 환영하며 모셔올 때는 언제이고 지금은 잡아 없애지 못해 눈 부라리고 있지 않은가.

까치는 도시와 농촌 할 것 없이 휘젓고 다니며 피해를 준다. 농촌에서는 농민들이 감당할 수 있는 범위를 넘어섰다. 제주는 사시사철 농사를 지을 수 있으니 피해의 강도가 더 크다. 특히 비닐하우스를 쪼아대는 등 시설물도 성할 리 없으니 생태계의 폭군임은 자명한 사실이다.

도시에서는 전봇대 등에 둥지를 틀어 정전을 일으키는 등 부작용을 낳고 있어 물질적인 피해도 몇 억대를 넘는다고 한다. 더구나 마라도까지 진입하였다 하여 올해 들어서는 제주야생동물연구센터, 마라도유람선사 등과 합동으로 마라도에서 까치 퇴치 작전을 벌일 방침이라고 한다. 이 지경에 이르렀으니 까치 제주 방사를 추진했던 해당 언론사와 항공사도 곤혹스러울 만하다.

최근 3~4년간 개체 수 증식 속도가 수직 상승해 현재는 약 13만 마리가 제주에 서식한단다. 수년 안에 제주도민 인구수를 넘어설 것이란 우려를 낳고 있다. 굴러온 새가 텃새인 까마귀 꿩 등을 내몰아 산으로 올려버리고 매와 올빼미 등 천적이 거의 없는 제주에 텃새로 자리 잡아버렸다. 멸종위기종인 섬개개비의 알과 새끼를 약탈하며 생태계를 교란하고 있다는 걱정도 들린다. 이동철새를 공격하거나 조류의 알과 파충류도 포식하면서 제주도 고유 생태계를 심각하게 위협하고 있다.

까치의 수가 불어나서 비상이 걸린 현실을 보며 셋째를 낳았을 때를 뒤돌아본다. 30여 년 전만 하더라도 셋째아이부터는 교육비며 의료보험, 급식비 등을 차별하거나 지급하지 않아서 다둥이 엄마들을 얼마나 애태웠는가. 나도 오죽했으면 딸 둘만 내리 낳았을 때 단산 수술에 귀가 솔깃했던 적이 있다. 요즘 여성들이 한 자녀조차 낳기를 주저하는 저출산 현상에 미리 대못을 박아 정착시킨 꼴이지 않나 싶다. 출산율이 세계 최하위권이 돼 버린 지금에 와서 그때 인구정책을 펼친 행정가들의 선경지명에 할 말이 없다.

이와 상반되지만 까치도 고이 모셔다 놓고 잘 자라 달라던 때가 얼마 전 일인데, 이러니저러니 하고 있으니, 몇 년 앞도 내다보지 못하는 지각없는 우리의 행동을 탓할 일이다. 이 모두 우리가 저지른 일이니 남의 탓이 아닌 내 탓인 게다.

까치만 탓하지 말고 역으로 까치의 맹렬한 종족번식과 치열한 삶을 닮으려 노력할 수밖에.

4부

툭 터뜨려 버린 사랑아

인간과 같이 살던 생물이 멸종되는 수가 늘어나는 건 지구의 한 귀퉁이가 금 가는 것, 지구가 아프다는 거야. 너를 두고도 그랬어.

툭 터트려 버린 사랑아

아침에 문득 길을 나섰어. 예술인 축제가 열리는 곳인 문예회관이 집 근처라 예정에 없던 발걸음을 하게 되더라. 사실, 마음은 2부 행사인 용눈이오름에서 펼쳐질 '관현악의 향연과 시낭송' 프로그램에 더 눈독을 들였어. 그 길에서 우연찮게 너를 알게 됐지.

용눈이오름에 오르니 마치 청룡이 언덕에 누워 오수를 즐기는 듯 칠월 신록이 오름 전체를 휘감아 안고 있었어. 간간히 불어오는 바람도 풍만한 햇살을 안단테로 춤추게 하는 오름 둔덕이 관객석이었지. 자연이 베풀어 준 무대에서, 관현악의 청량한 음색을 배경으로 낭송하는 시어들이 오름에 퍼지더군. 너도 들었는가.

너희들은 타고 난 자태와 향기로 뭇 시선을 끌어들이지만 사람들은 글이나 소리에 감성을 담아 제 나름의 아름다움을 표현하며 행복해 하거든. 이래저래 하루가 즐겁고 발걸음이 가볍더라. 오름 한 바퀴를 둘러볼 요량으로 정상으로 향하다가 능선 막바지쯤에서 너를 애지중지 보살펴 오던 문우를 만났어.

야생화 동호회 활동도 한다면서 너를 보여 주고 싶다는 거야. 네 이름을 듣는 순간, 사연 많고 외로운 이방인이라는 느낌에 마음으로 너를 껴안게 되더라. 오름 전체를 아우르는 곳, 어쩌면 용의 심장소리 들리기라도 할 것 같은 가슴팍 부분인 것 같아. 그 언저리를 우리 둘은 너를 찾아 헤맸지.

처음 네 이름을 알았으니 밟혀도 모르겠다 싶어 스마트폰으로 클릭해 봤어. 피뿌리풀꽃, 여인네의 우아한 목선 닮은 꽃대 위, 영롱하게 맺힌 진홍색 꽃망울이 왜 슬프게 보였을까. 만나서 사연 한 번 듣고 싶다는 생각이 간절하더라.

제주의 오름은 어디를 가도 야생의 바람결이 머무는 초원이야. 너도 바람 따라 이곳저곳 떠돌았을 법도 한데, 유독 이 주변 오름에서만 자랐다지. 이곳, 중산간 마을은 그리 멀지 않았던 그날에 많은 민초들이 쫓김을 당하다 오름과 들에서 무고하게 목숨을 빼앗겼어. 그래서인가, 너의 모습 그려 보면 슬픈 넋들이 환생했나 하는 생각도 드네. 그들의 울분을 먹고 피어 뿌리에서 꽃잎까지 핏빛으로 물들었다고 하더군. 오죽했으면 모진 설움을 너에게도 나눠 주며 마음들을 달래려고 했겠니.

고려 때, 몽골에서 들여온 말의 분뇨에서 씨앗이 퍼졌다는 설도 있다지만, 어찌 이곳에서만 터를 잡고 살게 됐는지 알 수가 없네. 오래전에 떠나온 고향 초원의 바람 맛과 이 들판 무공해 바람결 맛이 같아서라면 이해할 수도 있겠지 싶어.

잎사귀 모양과 키 정도를 가늠하니 바로 눈에 띌 것 같은 느낌에 사방을 노루처럼 쏘다녔건만 끝내 넌, 얼굴 보여주지 않아 눈과 마음만 헛헛했어. 스마트 폰으로 봤지만 보자마자 이별이라고 왜 네 모습 찾기가 그리 어렵다니.

언젠가는 볼 수 있겠지 하는 나에 반해 문우님은 실망이 컸어. 작년 이맘때 그 근방에서 다음 만날 기약까지 했다는데 감쪽같이 사라져 버렸다며 황망해 하더군. 목초가 성해서 어디에 몸을 숨기고 있을 거라 위로 했건만 누군가의 손을 타서 없어진 거라며 낙심하더라. 옮겨 심으면 십중팔구 뿌리를 내리지 못하는데도 마구잡이로 채취해 버린 우리들 잘못이 크대. 제주의 세찬 바람도 이긴 야생의 힘으로 무던하게 자라 줬으면 좀 좋았을까.

근간에 자연 환경을 거론할 때면 멸종된 생물들이란 말을 예사롭게 하거든. 인간과 같이 살던 생물이 멸종되는 수가 늘어나는 건 지구의 한 귀퉁이가 금 가는 것, 지구가 아프다는 거야. 너를 두고도 그랬어. 예닐곱 해 전까지만 하더라도 오름 능선을 붉은빛으로 물들였다는데 잊힐 이름으로 남을 것 같다고 하네.

어쩌면 이 오름에서 다시는 볼 수 없을지도 모를 너의 모습 그려 보다 불현듯 오십 년 전, 저세상으로 가신 외할머니가 보고 싶고 그리워. 그분의 생애가 너랑 흡사하다는 생각이 드는 건 왜일까.

외할머니는 용눈이 능선 아랫마을에 사셨어. 이 오름에서 달래 냉이 캐고 고사리 꺾으며 꽃다운 나이를 보내셨지. 귀티가 흘러 일등 신붓감이었던 외할머니이었건만 시앗이라는 멍에 때문에 피울음 울며 홀연히 현해탄을 넘어 버리셨대. 다행히 씨앗 한 알은 고향에 툭 떨어뜨리셨어.

가여운 그 한 알이 우리 어머니이셔. 다섯 살 아이는 그리움과 고난을 이기려 피뿌리풀 너같이 발갛게 물든 가슴으로 살았을 거야. 시앗의 자식이란 미운 굴레에 얽매인 채 계모 밑에서 울고 불며 지내다가 우리 아버지를 만나 칠 남매를 낳고 장성시킨 거야. 네가 몽골, 그 황량한 벌판을 등지고 제2의 고향, 용눈이 오름에 정착하여 만발하게 꽃 피웠던 것처럼.

일본으로 가신 외할머니는 야무진 제주 여인의 근성으로 억척스레 삶을 꾸렸지만 동포 청년이 무자비하게 휘두른 농간에 삶을 접고 말았어. 제대로 뿌리도 내려 보지 못하고 오사카 도톤보리 강물에 꽃잎처럼 몸을 띄워 버리셨대.

아, 허망한 삶이었지만 고향에 뿌리 하나는 올곧게 남기고 가셨지. 슬픈 정열로 툭 터트린 사랑의 씨앗 한 톨을.

하 많은 피울음 어디에 묻고 사위어 버렸니

너를 키운 8할은 동녘 들판 야생의 바람
제주의 다디단 바람 맛을 제발 잊지 말게나
추억은 기억을 다독여 품어 주고
기억은 추억을 위해 그리움의 씨를 키우는 것
달랑투루,* 거친 몽골 벌판의 그 이름으로
일흔의 옹골진 씨앗 용눈이에 뿌려다오
초원 어느 능선에서 바람 따라 떠돌다
진혼곡 부를 슬픈 넋으로 남지 않기를.

— 졸시 〈피뿌리풀꽃〉 전문

* 달랑투루: 피뿌리풀꽃의 몽골어로 70개의 꽃대를 가진 꽃이라 함.

영광아, 힘내

하루가 다르게 다문화 가정이 늘고 있다. 도시, 농촌 할 것 없이 어디서건 그들과 마주하게 된다. 흰 피부에 큰 눈과 오뚝한 코의 백인 출신은 낭만과 여유로움이 느껴지고, 흑인이거나 동남아계는 삶의 무게가 버거워 보인다.

내 선입견을 바꿔준 영화가 있다. 〈마이 리틀 히어로〉다. 필리핀 엄마와 한국 아빠 사이에서 태어난 여덟 살 영광이가 주인공이다.

얼굴을 보지 않고 오디션 심사하는 일명 '블라인드 테스트' 덕택에 영광은 대형 뮤지컬 영화의 주인공으로 뽑히게 되었고, 두 명의 감독으로부터 선택을 받는다. 특별한 테스트가 아니었으면 영광이의 재능은 영영 묻혀 버렸을는지도 모른다. 800대 1의 경쟁자를 뚫은 주인공 영광이었지만 고난의 연속이다. 주위의 편견이 예사롭지 않다.

이 영화는 다문화 가족인 소년이 순수한 열정으로 난관을 헤쳐 나가는 모습을 그렸다. 아울러 현지인 입장에서는 편하게 보지 못하는 다문화 가족들을 보듬어 안아야겠다는 느낌을 주기에 충분한 영화다. 또한 또래 소년들에게는 재능은 타고나는 게 아니고 열정과 끈질긴 노력이 필요하다는 걸 은연중 암시해 준다. '영광이 같은 사람 되겠다.'라는 교훈을 심어 주기에 충분하다.

허세 가득한 유일한 감독은 까무잡잡한 피부의 동남아계 소년 영광에게 거부감을 보인다. 껄끄러움을 나타내며 심히 못마땅해 한다. 그도 인생 역전을 노리고 참여한 대형 뮤지컬 오디션 프로그램에서 우승 확률 제로일 것 같은 소년과 파트너가 되었으니 앞이 캄캄했으리라. 더구나 인종부터 다른 영광에게 어린 시절의 '정조' 역할이 주어졌으니 유 감독의 고심을 시청자인 나도 짐작이 간다.

노래 실력 빼고는 다른 배우들에 비해 면면으로나 춤 등, 어느 것 하나 독특한 게 없는 소년이 조선의 왕, 정조 역까지 무난하게 할 수 있을까. 기본적인 틀에서 모든 것이 불만족스럽고 합당치 않았지만 유 감독은 일등을 하겠다는 집념으로 일방적 하드트레이닝으로 어린 소년에게는 감당 못할 정도의 혹독한 훈련을 시킨다.

불가능한 꿈에 도전해 가는 과정으로 설정한 스토리는 영광이의 투명한 눈동자에 샛별 같은 눈물을 가득 고이게 하여 시청자들을 울컥하게 만든다. 우리 사회에서 다문화가정인 그들이 어떤 소외감을 갖고 있으며 차별대우에 얼마나 아파하는지, 여러 가지로 생각하게 만든다.

소통이나 애정도 없이 막무가내로 밀고 나가지만 그에 반항이나 거부감을 보이지 않는 어린 소년이었지만 유 감독과는 가도 가도 어둠일 것 같고 막막했다. 예술을 만드는 사람은 따뜻한 가슴이 있어야 하는 법이거늘 허울과 허세만 가득한 유 감독이 영광과 함께 꿈의 무대인 브로드웨이에 과연 진출하게 될까. 꺼질 듯 깜박이는 작은 불씨인 소년을 주시하는 나는 마른침만 삼켰다.

'될 때까지!' 어린 소년은 결코 희망을 접지 않는다. 소박한 희망을 꿈꾸는 순수한 열정은 영화의 긴장감과 재미를 배가시켰다. 영광에게는 반드시 우승해야 하는 또 다른 이유가 있었기에 혹독하게 몰아치는 훈련도 이겨내려 했건만 엄마와 영광이는 필리핀으로 갈 수밖에 없는 운명이 되어 버린다. 아들의 꿈을 포기시킬 수밖에 없는 모정 앞에서 '제발 돌아와 줘.'라며 스크린을 향해 동정의 메시지와 응원을 무수히 날려 보냈다.

잘못을 깨달은 유일한 감독은 필리핀으로 돌아간 영광을 데려오고, 각고의 노력 끝에 결국 브로드웨이에 진출하는 데 성공한다. 〈마이 리틀 히어로〉, 영광이의 승리였다.

내일, 태양은 떠오를 거예요./ 그러니 그때까지 견뎌야 해요./ 어떤

일이 있어도./(중략)

영광이의 천상에 울려 퍼지는 것 같았던 뮤지컬 오디션 첫 곡인 〈Tomorrow〉는 나의 심금을 울렸다.

21세기는 지구촌이란 거대한 공동체 속에서 다양한 문화를 공유하며 살아야 한다. 이제 우리나라도 문화와 인종의 다양성이 공존하는 다문화 사회로 깊숙하게 접어들었다.

고향을 버리고 타국에서 가정을 꾸리며 살고 있는 다문화가족들, 후진국이고 가난한 나라에 태어난 것도 서럽고 사랑하는 가족을 떠나온 것도 서럽지 않겠는가.

'다르다'가 아닌 '다름 아닌' 이웃인 그들이다. 영화 〈마이 리틀 히어로〉가 내게 전하는 울림이 컸다.

하영 하영 먹어사

거짓말처럼 무더위가 사라져 버린 날. 누가 부르기라도 한 것처럼 서둘러 길을 나섰다. 애들 집이 있는 경기도에서 충청도까지 한 시간여 만에 갈 수 있는 편리한 교통망도 즉흥적 발걸음을 부추겼지 싶다. 전철에 몸을 실으니 상큼한 기억 속 첫사랑을 만날 것같이 마음이 들썽거린다.

어둠을 파내어 빛을 끌어들이는 두더지처럼 기차는 명암의 도시를 들락날락하더니 풍요가 도독도독 맺힌 시골길을 신바람 나게 달린다. 논두렁에 들앉은 콩도 벌써 꼬투리 뭉툭해서 만삭의 메뚜기마냥 불룩하고, 기차 속도를 앞질러 내게 안기려 드는 바람결에선 단내가 폴폴 날 것만 같다.

빌딩숲이 시야를 가리는가 싶더니 어느새 종착지인 온양역이 두렷하게 앞을 가로막는다. 예전과는 너무 판이한 도시 한가운데서 잠시 방향감각을 잃어 어리둥절했으나 떠오르는 풍경들을 찾아 가고픈 마음에 발걸음이 바빴다.

신접살림을 차렸던 그곳, 옹색한 한 칸 방 창문 위로 덩굴식물 올려 키우며 아가에게 나팔꽃 노래 불러줬지. 주인아주머니가 소담하게 덜어 준 된장과 고추장 단지를 볕 좋은 장독대에 올려놓고 애지중지했던 곳 가까이 다가갈수록 그리움이 물밀 듯 밀려온다. 집 앞 학교 울타리가 아까시 숲속 같아서 오월이면 그 향이 단칸방에 넘쳐흘렀어. 혼자 나선 길에 온갖 상념이 따라붙어 마음속 기억들을 헤집어 낸다.

그 흔적들 보고 싶어 삼십여 년 묵혀 에돌아 왔는데, 집 앞 교정 울타리에 울창했던 아까시나무는 간데없고 끝 뾰족한 철 구조물이 을씨년스럽다. 시골 냄새 풍기며 내보일 것 같았던 황토 움막집도 손짓 하나로 사라진 순간의 마술처럼 없다. 세월을 셈에 넣지 않은 나의 소견머리만 휑뎅그렁하고 구멍 숭숭한 블록 울담은 괴발개발 발자국을 시간의 자취라며 내민다.

아가들 앉혀놓고 말 걸기 시켰던 길섶 야생화는 다 어디로 갔나. 네 살짜리를 어르며 걷게 하고 둘째를 업고서 찬거리 사러 다니던, 황토 먼지 풀풀 날리던 시골길도 걷고 싶었는데….

잡초 무성해서 메뚜기, 잠자리 천국이던 구릉지도 콘크리트 장벽

들이 다 장악해 버렸다. 성성한 추억 몇 덩이는 주워 담을 수 있을 거라 생각했는데 도시의 삭막한 공기에 짓눌려 멍하다. 바뀌어 버린 집주인의 허락을 받아 카메라를 들이대니 마당가 무를 묻었던 곳에 서 있던 깡마른 바지랑대가 객에게 옛 자취는 없다고 거드름 피우며 외발로 약 올린다. 마음속 간직했던 그리움을 삭이기도 전에 또한 그리움이 스멀거린다.

며칠 후면 중추절이라서인가 삼십여 년 전 이곳에서 혼자 보낸 추석날 생각에 코끝이 시큰하다. 둘째를 낳은 후 회복되지 못한 몸으로 고향 가는 걸 나는 포기했고 남편만 큰애를 데리고 고향 가버린 날, 갓난이 둘러업고 집 앞 둔덕에 올라 축 늘어진 기분으로 맞이한 추석 달 바라기한 게 엊그제인 듯하다.

둥그런 달이 인자하게 웃는 친정 어머니 얼굴로 보였다. 순간, 밝은 모습을 보이고도 싶었지만 저절로 힘도 나서 나는 잘 있다고 손 저으며 인사드렸지. 첫국밥을 산모인 내가 직접 끓여 먹은 걸 다 아는지 축축한 눈으로 바라보며 대보름달로 오셨던 어머니.

큰애를 낳았을 때, 한 달간 몸조리를 해주신 어머니는 매 끼를 고봉밥에 대접 가득 국을 떠 주시며,

"애기 난 어멍은 뱃집이 커사 헌다. 이 베지근헌 옥돔미역국 또뜻헐 때 먹으라. 하영 하영 먹어사 젓줄 확확 돌주."(아기 낳은 산모는 배가 불러야 한다. 이 맛있는 생선국 뜨뜻할 때 어서 먹으렴. 많이많이 먹어야 유선이 돌아 젖이 잘 나온단다.)

그 국 먹느라 땀을 흘릴 때마다 뱃속 아기 키우느라 고생한 자국이라며 기미 가득한 내 얼굴을 수건으로 연신 닦아대며 측은해 하시던 모습은 가슴에 가득한데 설운 이름 남기고 떠나신 지 어언 다섯 해다.

어머니! 간절히 부를 나이가 되면 나도 그 모습 닮아 있어야 하는데, 언제면 나도 울 어머님 그지없는 마음 길을 쫓아갈까.

육십여 년 전, 어머닌 팔월 대보름날 첫째인 언니를 낳았다. 세상에 나오는 날을 잘 잡은 언니는 어머니에게 흰쌀밥에 옥돔미역국을 잡수게 했으니 칠남매 중 날 때부터 큰딸 노릇은 제대로 잘한 게다. 추석날 해산해서 첫 국밥은 푸짐하게 먹었노라 했지만 보릿겨로 죽을 쑤어 먹기도 하고 톳에 보리쌀 한 줌 넣고 지은 톳밥으로 끼니를 때워서 젖이 고이질 않더란다. 그러나 친정나들이는 누추한 모습 보이지 않으려 물색 옷 차려입고 끼니때는 피하며 친정에 갔다고 했다. 외갓집은 방앗간을 운영하여 식량이 넉넉했건만 업둥이 신세였던 어머니는 늘 허기져 질척한 행색을 보이지 않으려 애쓰셨으리라. 힘겨운 시절 먹을거리에 여한이 많으셨는지 만나기만 하면 바리바리 싸 주시며 애들 잘 먹이라는 말을 빼놓지 않으셨다.

추석을 며칠 앞에 둔 날, 불현듯 나선 여행길에서 중천에 떠 있는 낮달을 본다. 다섯 해 전, 마지막으로 보았던 어머니 얼굴처럼 하얗다. 핏기 없어 슬프고 햇살이 눈부시니 더 아득하지만 살아계셨을 때도 나에게 보름달로 와서 힘 보태 주시지 않았나. 이번 추석에도 영근 달로 화사하게 오시리.

예 살던 정취 간곳없어 황망했는데 하얀 달빛 보자기에 어머님 품고 돌아오는 길, 외롭지 않다.

알파고와 아바타

전 세계가 주시한 세기의 바둑 대결, 인간지능과 인공지능이 한 판 싸움이 벌어졌다. 이세돌은 인간 바둑 천재이고 알파고는 바둑 대결을 위해 만들어진 인공지능 로봇이다.

바둑은 인생살이의 축소판이라고 한다. 알파고가 만물의 영장인 사람의 인생살이를 파고들었으니 과히 세기의 뉴스거리일 수밖에 없겠다. 가로와 세로 열아홉 줄에 불과한 바둑판, 여기서 두 대국자가 둘 수 있는 수는 무한대라고 한다. 그 숫자가 전 우주에 존재하는 원자 수보다 많다고 하니 바둑을 모르는 문외한인 나도 바둑 팬들이 열광하는 이유를 알 것도 같다.

이세돌은 대전에 앞서 아름다운 바둑을 두고 싶다고 했다. 이에 대적할 알파고는 어떤 각오로 임했을까. 물론 대국하기 전, 알파고에게 전원을 물리지 않았다면 한 덩이 싸늘한 기계 뭉치일 뿐이었겠지.

작년이었던가. 뇌 과학자인 김대식 교수의 강의를 재미있게 들은 적이 있다. 전체적인 줄거리는 인공지능의 역습에서 인간이 살아남는 방법이라는 강의였던 것 같다. 인공지능도 약한 인공지능에서 점차로 강한 인공지능으로 발전해 간다고 한다. 강의를 들을 때까지만 해도 인공지능이 강해도 사람의 머리에서 탄생하는 거라며 흘러 넘겨들었는데, 알파고와 이세돌의 바둑 대결을 보면서 우리 삶의 지도를 송두리째 바꾸는 시발점인 강한 인공지능 시대의 도래가 두렵게 다가온다.

사천 년 동안 이어 온 바둑의 세계인 우주 속 파란만장한 인간들의 삶을 알파고가 하루아침에 점령해 버렸다. 이번 대결에서 알파고의 초반 실수도 다 계산된 수였다고 한다. 그러고 보면 알파고는 이세돌의 마음 곳곳을 꿰뚫어 보았을 법한 강한 인공지능의 위력을 발휘했지 않았나 싶다.

지구의 미래는 자연을 업고서 인간이 만들어가기 마련이다. 우주의 생물 중에 제일 영리한 게 인간이지 않은가. 인류의 역사가 그걸 증명한다. 그러니 인간과 인공지능이 공존할 수밖에 없는 현실에서 인간의 잠재력을 극대화할 미래를 구상해야 하리. 인공지능시대에 인간으로서 변치 말아야 될 것은 알파고가 할 수 없는 것들을 상기해 보면 알 것 같다.

이세돌은 충격적인 1차전 불계패에 놀라면서도 '아름답고 좋은 경기인 바둑을 즐겁게 두었다.'고 했다. 어떤 경기든지 생물 대 생물의 겨루기에는 무수한 희로애락의 기가 흐른다고 본다. 서로 마음으로 주고받는 대화가 없는 기나긴 싸움을 끝까지 완수한 이세돌은 정신에서만은 완승이다. 알파고는 오직 승산에만 초점을 맞추었으니 아름다움과 선함과 기쁨을 한낮 기계가 어찌 느끼고 깨달을 수 있으랴.

그러나 5회까지의 대국을 시청하고 나니 씁쓸한 마음이 드는 건 왜일까. 인간이 만든 인공지능의 위력을 감지해 보며 몇 년 전에 보았던 영화 아바타를 떠올린다.

이 영화는 인간의 몸에 외계인을 접목시킨 분신을 외계에 보내서 지구에서 조종하며 목적을 달성하고자 하는 얼개로 짜여 있다. 어쨌거나 원격 조종이 가능한 새로운 생명체인 문명과 인간의 분신인 아바타 프로그램을 지구인들은 개발하게 된다. 인간과 나비족의 DNA를 섞어 마법의 돌이라고 일컬어지고 있는 반도체로 만든 아바타는 인공 육체이다. 인간이 조종할 수 있는 최첨단 문명을 활용하여 만들지만 알파고의 인공지능과 달리 다행히 아바타는 자아와 감성은 살아 있다.

2150년대를 앞질러 기획했다는 영화의 주 무대인 판도라는 하늘에 붕 떠 있다. 언옵타늄이란 희귀한 광석이 자기적 성분으로 거대

암석이 공중에 떠 있는 나라다. 하늘을 찌를 듯 밀림에 둘러싸인 신비로운 행성인 판도라, 유일한 단점이라면 대기가 해로운 독성을 띠고 있어 인간의 몸으로는 접근이 어렵다는 것이다.

이 행성을 존재케 하는 귀중한 자원인 '언옵타늄'을 지구로 가져올 목적으로 판도라에 침입하려는 지구인들의 욕심의 끝은 어디일까. 문명과 원시의 만남과 대립에서 판도라 행성의 원주민인 나비족은 종족의 멸망을 피하려 하고 인간은 무력침략으로 파괴하려 한다. 신이 있다면 누구의 편일까.

문명이란 단순히 기술 발전의 축으로만 측정할 게 아니라 우주의 생물들이 다 같이 조화롭게 살면서 삶을 풍요롭고 안정되게 함을 우선해야 하지 않을까. 인간이 개발하고서도 서로 통제 못할 수준을 염려하여 '인공지능 윤리위원회'란 코미디 같은 법령을 설치해 주기를 바라는 현실을 만든 것도 우리 인간이다.

문명과 인간과의 만남은 진실한 가치와 동기가 있어야 한다. 작금의 문명을 들여다보면 아직도 조화보다는 정복과 파괴를, 안정보다는 도전과 격정을, 풍요보다는 쟁취와 보상을 더 갈망하는 듯하다.

문명은 발전할수록 지식과 기술이 누적되고 그것을 기록하고 활용하는 기술도 발전하게 될 것은 자명한 이치다. 그러나 기술과 지식을 제어할 수 있는 인간적 사상과 도덕적인 철학이 뒤따르지 못하면 인공지능은 되돌아와서 인간에게 해악을 끼치게 되지 않을까.

염려를 넘어서 지구 전체에 영향을 미칠 시한폭탄이 장전된 느낌이다. 문명의 이기를 조화롭게 이용하고 진실한 문명으로 진화하기 위해서 우리는 수많은 시련과 인내와 성찰이 필요하리라.

인공지능 로봇은 사람이 만든다. 인간의 뇌는 지능 외에 또 하나의 정신세계인 자의식이 존재하기에 만물의 영장인 인간은 인공지능을 지배하는 데 문제가 없을 것이라 굳게 믿어 본다. 인간은 심장이 뛰고 있는 한 따뜻한 감성이 살아있기 때문이다.

이세돌이 5회의 대국을 끝내고 '인간이 패배한 것이 아니라 이세돌이 진 거다.'라고 했다. 비록 이세돌은 5국 중 가까스로 한 번을 이겨 완패를 면했지만 아름다운 바둑 세계를 찬양하며 노래할 줄 알았다. 반면 알파고는 세계인의 주목을 받으며 우렁차게 바둑 세상까지 발을 들여놨지만 우승의 기쁨을 누릴 심장이 없다.

아바타가 지구인들의 자원 채굴 계획에 반기를 들어 판도라를 지켰고 네이티리와 고운 사랑을 이룰 수 있었던 것도 인간의 감성과 선악을 가릴 줄 아는 숭고한 마음이 있었기 때문이다. 아바타는 인간의 지능이 있는 반쪽 인간이지만 알파고는 인공지능이기에 한갓 기계 덩이에 불과하다.

제임스 카메론은 아바타를 통해서, 알파고는 세기의 바둑 대결이란 쇼를 통해서 우주에서 영묘한 힘을 가진 우두머리가 누구인가를 다시금 환기시켜 주었을 뿐이다. 이번 알파고와 이세돌의 바둑대결에서 더욱 확실해졌다.

동백꽃 피고 지고

"속솜 허라."*

시어머니의 한마디는 시릿발이었다. 집안 내력을 여쭤 보다가 말문 막혀 버린 이후로는 불문율이라 여기며 지냈다. 돌아가신 분 중에 큰 잘못을 했을지도 모른다는 막연한 두려움도 있었다. 숨겨놓은 사연이 있어 알려지면 감쪽같이 잡혀가기라도 할 것 같은 분위기였으니까.

시할머니와 시어머니 두 분만 사시는 집은 늘 침울했다. 결혼하고 몇 년 간은 고향 내려가는 길에 서면 마음이 무거웠다. 결혼하자마자 타 지방에서 살았기 때문에 시가 식구들을 대하는 게 임의롭지 않은 면도 있긴 했지만 축축한 적막감에 가슴이 답답했다. 두

분은 얼마나 과묵했는지, 오죽했으면 남편에게 식구들이 말 안 하기 대회라도 하는 것 같다고 투덜거렸을까.

"며늘아기야." 하는 시아버지의 부름을 듣고 싶은 마음 또한 간절했다. 그 소리에 무겁게 짓누르던 정체감이 싹 가실 것도 같았다. 자상한 남정네의 손길이 닿은 흔적이 없는 집안은 어디를 둘러봐도 옷가지를 걸 만한 못 하나조차 박혀 있지 않았고 어설프게 얹어진 울담은 금방 허물어질 듯 위태로웠다.

십여 년이 흘러 고향에 정착해서 남편이 조심스럽게 전후사를 말해 준 후에야 말없는 할머님과 무뚝뚝한 시어머니를 이해했다. 중산간에 있는 시가는 지금도 제주민의 가슴에 깊은 상처로 남아 있는 4·3사건의 피해가 컸던 마을 중 한 곳이다. 이 흉흉한 사태에 두 아들을 잃어버린 2대 독자인 조부님은 목숨이라도 부지하려고 일본으로 밀항 가 버리고 스무 살 숙모님과 스물네 살 시어머니, 그리고 조모님 셋이 같이 살았다 한다. 골 깊은 산간 마을일수록 무법천지로 마구 휘두르며 쑥대밭을 만들었던 암울한 시절, 시집 동네는 홀로 사는 여인들의 촌락 같았으리라. 그러니 생과부니 청상과부니 하며 설움을 호소하는 것조차도 죄스러운 시절이었으리.

그 당시 다섯 살이었던 남편은 가끔 생각난다고 하며 해변마을로 내려가서 숨어 살던 깜깜한 움막집 이야기며 보릿겨 죽을 먹으며 배앓이 했던 일과 아버지 장사 지낸 후 어머니 손을 잡고 냇가를 건너다가 아버지 무덤을 뒤돌아보며 둘이서 땅에 주저앉아 울었던 일을 말한 적이 있다. 그 말은 두 번 다시 들을 수는 없었지만 근래의 일인데도 옛이야기 같은 사건을 겪은 남편이 측은하다.

시아버지는 4·3사건을 겪으면서 온 주민들이 몰살을 피해 이곳저곳 소개 다니다가 병 치료 한 번 제대로 받아 보지도 못한 채 허망하게 돌아가셨고 숙부님은 갓 장가 든 혈기왕성한 새신랑이었단다. 청년들과 같이 마을을 지킨다고 앞에 나섰다가 토벌대의 총에 맞고 돌아가신 숙부님은 결혼하고 두 달 만이었지만 대 이을 유복자는 남겨 놓았다. 곱디고운 신부와 점 하나로 찍힌 유복자를 두고 비참하게 가신 숙부님의 원한이야 이루 말해서 무엇하랴만 스무살 숙모님은 그 후 평생을 수절하며 살았으니 이래저래 치대며 겪었을 수난들이 얼마나 많았을까.

어린 아들을 데리고 시아버지가 계신 일본으로 가서 생활 터전을 잡은 숙모님은 일 년에 두어 번 제주에 와서 숙부님 산소를 성묘하며 곁에 묻히고 싶다는 뜻을 자주 내비치셨다. 고향에 오시면 울담 밖 동백나무숲 걷기를 즐기셨던 숙모님은 그 짧은 신혼생활에 숙부님과 같이 이 길을 거닐어 보긴 했을까. 동백의 꽃말이 '당신만을 사랑합니다.'라 한다는데….

어느 핸가 숙부님의 묘를 옮기면 손자가 생길 터라는 점쟁이 말에 혹해 이장하던 날, 육탈하신 유골을 보신 숙모님은 다시금 가슴 미어지는 아픔을 겪고 말았다. 손자를 얻을 수 있다는 희망의 대가는 원통한 응어리만 덧쓰고 만 것이다. 육십여 년 땅속에서 삭혔을 한을 세상에 내보인 숙부님은 정수리에 박힌 총알을 증표인 양 머리뼈로 감싸고 계셨으니….

증조부님은 4·3사건 때 동네 청년들을 몰아다 총살한 곳에서 가까스로 작은손자의 시신을 찾아내어 장사 지낸 것만도 천만다행이었던 기막힌 시절, 하물며 사인을 이래저래 따져 볼 수가 있었으랴.

세상 빛을 잠깐 보고 다시 영면에 드시려는 두 달 살이 신랑을 명주 수의로 덮으며 숙모님은 울고 또 울었다. 숙부님의 영혼도 비따라 울었을까. 잔뜩 흐렸던 하늘에서 비가 내렸다. 애절한 울음은 빗줄기와 함께 유골 깊숙이 닿았으리라. 두 분은 백년해로는 못했지만 숙명이라는 질긴 부부의 연이 있었나 보다.

그 후 대 이을 손자를 기다렸으나 외며느리의 거부로 회임조차 못했고 각박한 세상사에 물든 외아들 내외는 몇 달 전, 고향에 부음도 알리지 않은 채 숙모님을 일본의 어느 화장터에서 장사 지내 버렸다. 숙모님의 흔적은 지금 고향 그 어디에도 없다. 이승을 하직하는 순간에 내지른 맹렬한 불꽃만이 숙모님을 동백꽃처럼 빨갛게 물들였으리.

온기 식어 버린 지 오랜 고향집이 오늘따라 더욱 스산하다. 울담 안에 떨어진 동백꽃들 눈빛에 쓸쓸함이 묻어 있다. 나무에서 한 번, 땅에서 또 한 번 피는 꽃이라지만 피워 보지도 못한 채 나뒹군 봉오리가 오늘따라 눈 안에 차인다. 애처롭기만 하다. 울담 너머 삼백 살 동백나무숲*은 빨간 양탄자 깔린 붉은 궁전같이 화려한데….

하릴없이 거닐다가 떨어진 꽃을 주섬주섬 쌓아 놓고 피지 못한 봉오리를 한 중앙에 올려 본다. 여인의 젖가슴처럼 봉긋하다.

스무 살 숙모님이 꽃 속에 있다. 붉디붉은 멍 가득 품은 동그란 가슴으로.

무슨 서러움 그리 깊어 언어 잃은 여인이런가.
무슨 애증 그리 뜨거워 열병으로 허덕이는가.
무슨 그리움 그리도 버겁기에
온몸 던져 툭 낙화해 버리는가
연연히 못다 푼 한
서리서리 그리 깊거든
한 잎에 설움 담고
한 잎에 애증 싣고
어옇게 바랜 못난 그리움까지
훨훨 날려버려도 좋으련만.

— 졸시 〈동백〉 전문

* 속솜 허라: 입 다물어라. (제주어)
* 동백나무숲: 서귀포시 남원읍 신흥2리 마을에 있는 300년 수령임.

사죄합니다

4·3 당시 군인이었던 아버지를 대신해서 아들이 용서를 빌었다.

신문에 실린 글을 보는 순간, 여름 소나기 쏟아 낸 하늘처럼 청랑하다. 육군 제2연대에 근무했던 아버지의 유품인 '2연대 제주도 주둔기'라는 부제가 달린 사진집과 공훈으로 수여 받은 기장도 기증했다. 4·3 연구에 귀중한 자료로 활용될 전망이라고 한다. 대한의 군인으로서 임무와 책임을 다했던 아버지를 대신하여 사죄한 서울 출신 아들의 용기에 박수를 보낸다. 아들의 결단은 골리앗과의 기나긴 갈등에서 아버지를 벗어나게 했다.

며칠 전 제주수필문학회에서 문화 유적지 탐방 차, 백조일손지묘의 원천인 섯알오름을 다녀왔기에 더 와 닿았나. 아버지의 께름칙

한 행적을 널리 공표했건만 오히려 감동을 불어 일으킨다. 우리에게 커다란 일성을 발한다. 낳아 준 아버지 은혜에 이보다 더한 보답이 없을 듯하다. 보본지심의 본보기다.

아버지가 받은 한미연합기장인 메달은 아직도 빛을 잃지 않고 있다. 눈동자처럼 또렷하게 빛이 난다. 그러나 생전에 치유 못한 허물이어서 손길마다 상처로 아로새겨졌을까. 휘장 보관함은 눈에 진물 흐르는 듯 생채기투성이다. 휘장이 놓인 둘레가 눈자위 되어 눈물 가득 고여 있다. 사진집도 곁에 두고서 얼마나 자주 들여다보고 펼쳐 보았으면 저리도 닳고 닳았을까. 생사를 같이했던 전우들의 사진을 수도 없이 들춰 보았나 보다. 청춘의 어두웠던 시절은 묵을수록 또렷한 것 같다.

국가의 부름에 따를 수밖에 없었고 그 대가로 받은 아버지의 훈장을 아들은 자랑스러워했던 적도 있었을 것이다. 이 세상에 없는 아버지이니 심정을 알 수는 없지만 세월 흘러 노쇠한 아버지를 곁에서 지켜보며 무언의 약속을 했을지도 모른다. '사죄하고 싶었을 거'라고, 다만 용기가 없었거나 군령이라는 명분이 마음 앞을 가로막아 오늘에 이르렀는지도….

우연의 일치였던가. 명분은 문화유적지 탐방이었지만 6월의 따가운 햇살도 피할 겸, 제주 곶자왈 '환상의 숲'을 거쳐 갈 기회를 가졌다. 숲으로 들어서자마자 깊은 곶자왈은 생태계를 딴판 세상으로 만들어 버렸다. 안내를 해주는 이의 해설이 일품이다. 갈등의 어원을 감칠맛 나게 설명한다.

곶자왈에서 자라는 나무 치고는 제법 굵은 나무를 타고 칡덩굴과 등덩굴이 얽혀 자라고 있었다. 서로 반대 방향으로 자라는 칡과 등나무가 만나면 서로 꼬이고 꼬이다 옥죄이면 그 줄기는 고사해 버린단다. 두 덩굴나무 사이에는 소통이란 있을 수 없단다. 실제 말라버린 덩굴은 부러져 바닥에 뒹굴고 있다. 알고는 있었지만 갈등의 현장을 보니 가슴이 조여드는 것 마냥 답답했다. 이럴 때는 천지만물을 창조한 조물주의 뜻을 어떻게 헤아려야 될까.

다음 행선지가 섯알오름이었으니 4·3 발발 후 칠십 년 세월 동안, 갈등의 깊이를 생각하지 않을 수 없었다. 4·3의 비극을 한갓 식물의 생장과정과 같은 맥락에 놓고 갈등의 연속이라는 표현을 쓰는 것 자체가 송구스럽지만 현장 학습의 효과라고 해야 하나. 아직도 이념만을 내세우는 당국과 이리저리 쫓기며 연명했던 민생도 모자라 가족의 목숨까지 무고하게 내줘야 했던 양민들을 떠올리게 했다.

섯알오름은 태평양전쟁 당시 일본군의 고사포 진지와 탄약고가 자리했던 곳이다. 민간인 이백여 명이 예비 검속으로 체포되어 국군 해병대 모슬포부대에 의해 학살된 역사 현장이기도 하다. 지금은 탄약고를 만들었던 시멘트 덩이가 철근이 박힌 채로 한 무더기 을씨년스럽게 파헤쳐져 한자리 차지해 있고 시체를 암매장했던 두 군데 터를 스텐 기둥으로 둥그렇게 표시해 놓았다.

사살 직후 유족들이 시신을 찾으러 갔으나 군경이 출입을 금지하였다 하니 부모는 자식을, 자식은 부모의 녹아내리는 시신을 수습 못한 죄책감에 얼마나 애태웠을까. 간신히 7년이 흐른 후에야 개방된 현장엔 뒤엉킨 뼈만 남아 있어서 맞춰 수습해 놓으니 한 다리는 길고 한 다리는 짧기도 했단다.

무법천지 세상이었으니 있을 수 있는 일이라 치더라도 어찌 지금껏 한이 서리지 않겠는가. 판별할 수 있는 십여 구의 유골만이 가족에게 인계되고 나머지 유골 일백 여구를 한 조상으로 모시기로 합의하여 사계리 들녘에 '백조일손' 묘를 만들었다. 묘지 조성 후 3년 만에 가까스로 세운 '백조일손지묘百祖一孫之墓' 비석도 두 동강나서 땅 속에 파묻혀지는 수난을 겪었다니 이념을 내세운 무자비의 끝은 어디쯤일까.

당시에는 정치적 혼란기이니 시대적 상황에 따랐다지만 진실을 밝힐 것을 요구하는 역사적 소명 앞에서 아무런 대답을 않는 것은 죄악이다. 입에서 입으로 전해 오는 역사도 중요하다. 본의 아니게 가해자라 낙인찍힌 사람도 시대의 피해자다. 뼈저린 상처를 품고 있기에 시비를 풀어놓을 장을 만들어야 한다.

애월읍 하귀리 영모원에 새겨진 '모두가 희생자이기에 모두가 용서 한다.'라는 글귀를 떠올려 본다. 이곳은 순전히 마을 주민들이 일궈낸 화해와 상생의 터전이다. 주민들 스스로 만들어 낸 자존의 표현이다. 제주도민의 평화 역량을 과시한 귀중한 사례로 기록되고 있다.

내가 방문했던 날은 이른 장맛비가 추적였고 는개가 얼굴을 싸안았다. 그래서 영모원 4·3위령비의 비문을 읽어 내려가며 훌쩍여도 주위에 눈치가 안 보여서 편했다.

'여기 와 고개 숙이라. 섬나라 이 땅에 태어난 이들은 모두 여기 와서 옷깃을 여미라…. 우리들은 이제 하늘의 몫은 하늘에 맡기고 역사의 몫은 역사에 맡기려 한다. 오래고 아픈 생채기를 더는 파헤치지 않으려 한다…. 다만 살아남은 자의 도리로 그 위에 한 삽 고운 흙을 뿌리려 한다. 그 자리에서 피가 멎고 딱지가 앉아 뽀얀 새살마저 살아날 날을 기다리려 한다. 지난 세월을 돌아보면 모두가 희생자이기에 모두가 용서한다는 뜻으로 모두가 함께 이 빗돌을 세우나니 죽은 이는 부디 눈을 감고 산 자들은 서로 손을 잡으라. 이제야 비로소 지극한 슬픔의 땅에 지극한 눈물로 지극한 화해의 말을 새기나니.' (중략)

절절하다. 제주도민의 4·3해결 과정에서 꼭 필요한 화해와 상생의 정신을 이보다 더 잘 말해 줄 문구가 있을까. 시골 마을 촌로들이 이렇게 분연히 떨쳐 일어섰는데 정부가 진정성 있는 반성과 재발 방지를 위한 노력을 못할 이유가 무엇인가.

이념보다 더 중요한 것은 인간이 누려야 할 생명권과 존엄권이다. 4·3 사건도 사람에 의해서 사람이 저지른 사태이니 희생된 이들 중에는 좌와 우의 양립이 없다고는 볼 수 없다. 그러니 제주 4·3에 대한 다양한 해석과 일정한 관점의 평가는 필요하다. 하지만 대부분의 희생자는 이념과 관계없는 선량한 도민들이었지 않은가. 설혹 공산이념을 가진 사람들이 있을지라도 그토록 잔혹한 방법으로 귀중한 인간의 생명을 해할 수는 없는 일이다. 아직도 제주는 산야와 해안, 어디를 가도 4·3의 혈흔이 짙게 깔려 있고 응어리들 장마 날씨처럼 먹장구름으로 떠돌며 칠십 년 세월 동안 울먹이고 있다.

아버지의 과거를 사죄한 서울 태생 아들의 용기가 장마 뒤끝의 햇살처럼 환하다.

침묵의 소리

봄비 치고는 이틀째 꽤나 거칠게 내린다. 창문을 때리는 빗소리가 이단자의 입심마냥 홀로 거세다. 그악스러운 빗소리와 함께 레이첼 카슨의 〈침묵의 봄〉을 읽으며 묘한 하모니에 빠져든다.

비가 내리 퍼부어대니 고요할 야밤이 소란하지만, 책 속 무언의 소리가 더 크게 들린다. 방안 공기를 흔드는 빗소리와 문장마다에 번득이는 칼날이 날카로워 잠은 멀리 피신했나 보다. 오늘 밤은 이 책 때문에 잠을 설쳐도 좋을 듯하다.

페이지를 넘기는 족족, 인간의 얕은 생각과 무분별한 파괴에 희생양이 된 생물들과 고귀한 자연이 안타까워 침이 자꾸 목 안으로 빨려든다. 읽어 넘기는 페이지마다 펼쳐진 산과 들엔, 새들도 울지 않는 세상이 암울하기만 하다. 책 속의 사건들이 마치 현실인 양 눈앞에 다가온다.

카슨은 과학적 근거를 들이 댈 때도 아름다운 시처럼 읊고 있지만 예리하게 우리의 양심을 헤집어 놓는다. 그는 몰염치한 인간들에게 그렇게 심지 굵은 경각심을 불러일으킨다. 또한 자연의 고귀함을 말살한 작태를 고발하며 절실한 목소리로 규탄한다. 희뿌연 DDT가루와 제초제가 방 안 가득 휘젓고 다니는 듯하다.

DDT하면 어릴 때 내게도 친숙했던 농약이다. 부모님은 텃밭에 야채를 가꾸면서 싹이 나면 하얀 가루를 마구 뿌려댔다. 그 가루가 인체의 지방 조직에 축적되어 암 같은 병을 유발시키고 새나 물고기에게도 치명적일 줄이야. 촌로들이 디디티를 밀가루인 줄 알고 수제비를 해 먹는 사건이 발생했을 정도였지 않나.

책의 전면에 걸쳐 작가가 몸서리 칠 정도로 경고한 DDT와 제초제의 패악을 읽으면서 고엽제를 떠올린다. 우리나라는 1960년대 자유 우방의 월남지원 요청에 의해 그곳의 지역 건설을 지원하는 부대가 파견되었고 전쟁이 확대되면서 용맹스러운 전투부대도 투입됐다. 당시의 국제 역학상, 한반도의 전쟁 방지와 세계평화수호에 기여한다는 명분 아래 우리 국군의 월남 참전은 필연이었다.

그 후 월남에 파병한 혈기왕성했던 한국 장년층들의 현실은 어떠한가. 전쟁 당시 적군의 은신처를 찾는 데 방해물이 된다고 숲에 마구 뿌려졌던 고엽제의 직접적인 피해자인 우리의 아버지들. 그들이 겪는 힘든 병고의 나날을 누가 어떻게 보상할 수 있을까.

파란 생명의 빛깔을 순식간에 녹여 버리는 제초제란 물질이 이렇게 무서울 줄이야. 모든 생명체는 주어진 환경에 순응하며 생존과 진화를 하는데, 유독 인간만이 편리와 번영을 위해 자연을 제멋대로 다룬다. 한갓 미물일지라도 해충과 잡초도 지구 생태계의 중요한 구성 요소라는 사실을 더러 부정하는 우리들. 그 관점의 눈이 비극을 부르는 거다.

카슨이 마지막 장에 절실하게 토정한 말, '인간의 편의를 위해 자연을 통제하려는 어리석음'을 우리는 더 이상 저지르지 말아야 하리.

비 쏟아지는 밤, 봄은 묵묵히 흐르고 침묵의 소리는 가슴 가득 먹먹하게 울린다.

5부

신은 소 눈 속에도 있었다

해가 뜨니 눈에 잡히는 모든 것들이 생과 사의 경계를 흐릿하게 만들어 버린다. 벌건 태양과 또 세상과 대면하는 순간, 한 움큼 서늘한 바람이 스친다. 밤에 본 갠지스는 의연했는데….

모인 빛 하양이더라

섬에서 섬으로 떠난다. 일상의 쳇바퀴로부터 탈출인 여행은 성향이 비슷한 사람과 같이 할 때, 맛깔스러운 시간으로 뒤바뀌어 흥을 더하는 것 같다. 영혼을 살찌우는 기회이기도 하다. 내리는 비조차 문우들과의 여정이라 오월과 버무려져 운치가 있다. 물방울 만들며 떨어지는 빗물을 보며 '제 무덤 만들어 스며든다.'라고 시 읊듯 말해도 눈웃음으로 죽을 맞춰 준다.

섬 속의 섬 추자도, 일행들 거반이 한두 번 정도는 다녀갔다지만 난 초행이다. 기회를 여러 번 놓치며 기다리던 터라 이번 여행은 '후풍의 섬에서 기다림의 색깔 찾기'로 정했다. 상추자항에 내리니 해무 자욱하다. 옳거니, 해무를 기다림의 바탕색으로 삼아야지.

오전의 섬은 고즈넉하다. 한때는 바다에서 부를 끌어올려 풍요를 안겨 주던 어촌이었다는 선입견을 둬서인가. 사람도, 배도, 그 시절이 오기만을 막연히 기다리는 느낌으로 다가와 안타깝다. 간혹 텃밭도 보이지만 태반은 묵정밭이다. 반반한 땅에 손길이 닿은 흔적 없이 잡초만 가득해서 사람냄새가 나지 않는다.

자연이 내려준 혜택으로 조기가 많이 잡히던 시절에는 밭농사에 매달릴 틈이 없었다고는 한다. 잡아온 고기 뒤치다꺼리로 바빴고 하루 일당이면 한 해 먹을 양식을 구할 만큼 벌었으니 씨 뿌려 한 해를 꼬박 기다릴 농사에 손을 줬겠는가. 고기잡이로 삶을 영위하는 어촌이니 바다 밭이 더 귀중하겠지만 막연히 풍어를 기다리는 시간과 씨 뿌려 가꾸며 열매 맺기까지의 기다림의 색깔은 어떤 차이가 날까를 생각해본다.

여기도 어김없이 오월, 초록 세상이라 해풍 맞은 쑥과 모시풀이 사방에 기운차게 널려 있는 게 눈에 자꾸 잡힌다. 일찍 오느라 아침이 허술했기에 시장기 때문인가. 쑥개떡과 모시떡이 눈앞에 어른거려 군침이 돈다. 쑥과 모시 잎을 떡으로 빚으면 초록이 짙게 익어 때깔 곱고 먹음직스러운 빛이 난다. 여기 널려 있는 재료로 떡을 빚어 올레길 손님들에게 "해풍 맞은 쑥으로 만든 쑥개떡 먹어 보소." 하면 선상에서 멀미 난 입맛도 다스리고 섬 색깔이 나는 주전부리로 제격일 것 같은데 관광객을 위한 먹을거리가 없다. 추자의 첫인상은 쑥개떡 군침 도는 빛이 아닌 마른 쑥 같은 잿빛이다.

조기 철이 아니어서인가, 섬 전체가 가라앉은 분위기다. 인구가 이천여 명밖에 안 되며 이곳을 찾는 관광객도 연간 3만 명 정도라니 화창한 계절이지만 분위기는 쓸쓸했다. 다만 드넓게 펼쳐진 바다를 따라 겹겹이 이어지는 산봉우리는 산신령의 정기가 깃들기라도 한 듯 수려하다. 무려 1억 년 전인 중생대 백악기에 바다가 융기하면서 추자도가 생겼다고 하니 백만 년 이후의 신생대에 화산 폭발로 만들어진 제주는 청년이나 다름없겠다. 아이러니 한 현실이지만 손자인 제주섬이 할아버지인 추자섬을 거느리고 있는 형국이다. 좋게 표현하면 노쇠한 할아버지 삶에 활력을 불어 넣어 줄 책임을 제주도가 안고 있다고 해야 할 성싶다.

우중의 여행도 계절을 들머리에 세우니 눈길마다 싱그럽긴 하다. 추자초등학교를 끼고 오르는 길에 비는 멈추고 개양귀비며 해당화가 붉은 자태를 뽐내며 최영 장군 사당으로 안내한다. 단청으로 단장한 사당 안, 최영 장군 영정이 저절로 고개 숙이게 하는 위엄을 품고 있다. 사람은 죽어서 이름을 남긴다는 말이 떠올라 더욱 머리 조아리게 한다.

최영 장군은 제주에서 발발한 목호의 난을 진압하러 오다가 심한 풍랑을 만나 이곳에 머물렀다. 막중한 임무를 어깨에 걸메고 있었지만 여삼추의 기다림도 어민들을 위해 썼던 사람냄새 나는 인정이 숭고하다. 〈고도를 기다리며〉를 쓴 사무엘 베케트는 '인간의 삶은 끝없는 기다림과 같다. 당신의 고도는 무엇인가. 당신은 기다림의 시간을 무엇을 하며 어떻게 보낼 것인가.'라는 물음을 우리에게 던졌다. 최영 장군이 베푼 음덕이 이 말을 대신하는 듯하다. 후풍으로 기다림이 머문 사당에 초록빛 희망 가득하기를 기원하며 발길 돌렸다.

제주도에서는 유일한 몽돌이 있는 모진이 해수욕장에 이르니 잠시 비가 멎는다. 궂은 날씨 때문인지 우리 일행뿐이다. 독차지한 넓은 해수욕장에는 발길 따라 몽돌들이 반기고 눈길에는 포말 일으키며 똘똘 말리는 물결 너머로 기백 넘치는 사자섬이 우리를 반긴다. 몽돌들은 좀 전까지 내렸던 비에 함초롬한 얼굴로 제각각의 미소를 보낸다. 저 몽돌들처럼 사람의 표정이나 성품도 가지각색인 거야. 생긴 대로 어깨 겯거나 도란도란 모여 앉아 억 겁의 세월을 지내는 저 애들, 바닷물에 수없이 잠기고 구르며 햇살을 받아들인 시간들을 헤아리게 한다. 옆 친구에게 스쳐 불편을 주면 제 몸 깎아 피해를 주지 않으려 애쓴 세월들도 보인다. 몽돌들을 만지다 물그림자에 비친 나를 본다. 주위에 상처 주지 않으려고 몸 도사리며 내 몸을 깎을 만큼의 배려를 하며 살았는가. 얼굴 붉어지려 한다.

B선생님은 얼추 비슷한 모양과 크기의 돌들을 골라 펼쳐 보인다. 저녁 시간에 공기돌놀이 하잔다. 목사님이며 고상한 여성이 천방지축 초등생 어린이로 돌변한 모습이 귀엽다. 비도 개고 기분 짱하니 모진이 몽돌들에게는 후하게 인심 써서 무지갯빛으로 치장시켜야지.

해수욕장을 뒤로하고 조금은 가파른 길을 오르는데 억수로 비가 쏟아진다. 우리가 오기를 기다렸나. 목 놓아 울어도 끝이 없을 넋이 거기 있었다. 그동안 참았던 슬픔이 펑펑 터져 버리는지 모정의 길목에는 빗물이 내를 이룬다, 외딴 섬 올레길을 걷는 호젓함에 빠질 겨를도 없이 모정의 애끓음에 빠져 걸었던 길에는 오월의 야생화들도, 새빨갛게 익은 찔레열매도, 뚝뚝 눈물 떨어뜨린다.

황사영 백서사건에 얽힌 정난주 마리아와 아들 황경헌의 그리움이 서린 곳을 양옆에 끼고 있는 정자에서 잠시 비를 피하며 우리는 이별의 순간을 상상하며 말없이 바라볼 뿐이었다. 추자는 운무로 온몸을 가리려 했지만 멀리 갯가의 애기바위는 흐릿한 모색으로나마 형체를 내보였고 시대가 낳은 아픔의 흔적인 황경헌의 묘는 뚜렷이 옆에 있다. 황경헌의 묘에 배례하고 어머니의 마음으로 비석을 쓰다듬으며 애기바위를 향해 두 손 모았다.

강보에 싼 아기를 갯바위에 두고 뒤돌아서는 정난주님의 한이 서린 곳이니 어떤 빛으로 엮을까. 잠시 눈을 감으니 어머니와 아들의 혼백인 듯 진주 빛 햇살이 먹구름 위에서 빛을 발한다.

이튿날 여행지에서의 습관대로 일찍 일어나 밖으로 나왔다. 항구를 가두리 삼아 옹기종기 모여 사는 어촌의 신 새벽은 옥돔 넣고 간간하게 끓인 미역국 냄새가 났다. 항구에서 곰실거리는 해무는 아침 밥상에 서리는 김인 듯 푸근하다. 항구 주위를 한 바퀴 돌아도 사람이 오가는 낌새가 없더니 통통배 한 척이 나바론 언덕 쪽 항구로 간다. 작은 배였지만 몸놀림이 가벼워서 만선 같지는 않지만 어제 이래 처음 작업하고 오는 배를 봤으니 궁금했다. 가까이 가서 보니 통발에 두어 뼘 길이의 장어 몇 마리 꼬물거린다. 통발을 터는 젊디젊은 어부의 어깨가 축 처져 있다. 팍팍한 우리 삶과 정비례함인가. 바다 밭이 메말라 버린 어촌은 빈곤한 비린내만 진동한다.

마침 동료인 H선생님이 숙소에서 나왔다. 저 언덕 넘어 나바론 절벽까지는 무리이니 등대 전망대까지만 오르자 한다. 이런 반가움이라니. 날씨 맑은 날이면 남쪽으로 한라산, 북쪽으로는 다도해가 보인다는데 안개가 자욱해 바로 한 치 앞도 안 보였다. 아침 일찍 산책 삼아 오른 길이니 덤이라 위안 삼았다.

위아래 동네를 합쳐도 이십여 킬로미터밖에 안 되지만 42개소의 유, 무인도를 거느린 다도의 섬이며 후풍의 섬에 기다림과 그리움이 동화되어 풍요의 빛 만발했으면 좋겠다.

만날수록 좋고 모일수록 감성이 솟으며 우리 택한 길이 행복하다고 생각게 하는 문우들과의 여행은 오색 빛 가득했다. 해무 빛 도화지에 그려 본 빛들까지 모두 합쳤다. 빈 듯 가득한 하양이다.

함께 할수록 순수하고 맑아지는 것, 그것은 다름 아닌 빛들의 찬란한 모임이었다. 서로 박수치며 격려하고 응원하니 빛이 더 하얗다.

왕 방 강 ᄀ릅서

'둥그린 ᄃ새긴 빙애기 되곡, 둥그린 사름은 쓸메 난다.'라는 제주 속담이 있다. 제주어로 된 이 말을 외지인들은 어떻게 해석할지 궁금하다. '계란도 굴리면서 품어 줘야 병아리로 탄생되고 사람도 배움을 찾아다녀야 쓸모가 있다.'라 해석하면 무난할 듯하다.

바람이 많은 제주 날씨 때문에 짧게 줄여서 말하는 경향이 있는 제주어는 'ᄒ저 거릅서'(서둘러 갑시다.) '확 드리쌉서'(얼른 들이켜십시오.) '왕 방 강 ᄀ릅서'(와서 보고 가서 말하세요.) 등, 외국어 같다고 하는 이도 있을 만큼 고개를 갸우뚱거리게 하는 표현들을 원주민들은 일상적으로 쓴다. 종결어미를 줄인 축약형물음인 '핸?' '완?' '간?'도 대화에서 빈번히 오고간다.

제주어는 단어나 말의 형태가 15세기 고어를 원형에 가깝게 전승하고 있어 제주 전통문화의 골격이라고 해도 무리가 없을 만큼 탐라 천년의 역사를 간직하고 있다. 제주인들의 삶이 녹아 있고, 옛사람들의 숨결이 깃들고, 땀 냄새가 배어 있는 향토적인 언어다. 제주인의 언어 속에 녹아 있는 정서로 강인한 삶의 표상이 깃들어 있다.

제주어는 무형의 보물이며 제주의 독특한 색깔을 알리는 데 부족함이 없다. 고귀한 관광 상품이기도 하다. 가장 제주적인 것이 가장 세계적인 것이 아닐까. 그게 곧 우수한 관광 자원이며, 그 안에 전통문화의 맥이 숨 쉬고 있다고 본다. 지금도 그나마 제주 고유의 언어가 보존되어 있어서 제주도는 더 매력적이고 이국적인 향내를 풍기는 관광지로 발돋움하는 것이리라.

언어가 사라지는 것보다 더한 비극은 없다. 소리 없이 엷어지는 연기처럼 제주어가 스러져 가는 게 인타깝나. 소멸 위기에 처한 제주어의 존속을 위해서 제주의 혼을 느낄 수 있는 풍속이나 지명의 유래, 선조들의 삶의 애환을 보존하고 잘 가꾸어 나가야 한다. 제주의 중장년층이 책임의식을 가져야 한다.

'절 뱅뱅 돌앙 가는 섬을 세계 제일의 관광지로 맹글젠 ᄒᆞ민 제주어를 괴삼봉 ᄒᆞ여삽주(파도 뱅뱅 돌아가는 섬, 제주를 세계 제일로 만들려고 하면 제주어를 아끼고 사랑해야 하리).'

고운 임을 만나다

국내 최고령 헌혈 왕 K선생님, 동네 봉사활동을 하면서 만난 분이다. 칠십을 바라보는 연세에도 소년처럼 발그레한 동안이 곱다. 그분은 담배며 술도 가까이하지 않는다. 운동도 열심히 한다. 남에게 깨끗한 혈액을 나눠 주기 위해 식사도 정갈하게 먹으려 신경 쓴다며 건강한 몸만들기가 생활 철칙이란다. 베풀기 위해서 몸단장을 했기 때문에 곱게 보이는가. 아름다운 마음을 지녀서 얼굴이 티 없이 맑은가.

마흔두 살에 헌혈을 시작한 이래, 헌혈을 일상생활의 중요한 시간으로 자리 잡아 놓았단다. 그야말로 헌혈을 생활화하는 어르신이다. 건강을 지키는 데 헌혈이 최고라며 삶의 동반자로 여긴다고 하신다. 그 말의 울림은 숭고하다. 만나 볼수록 따뜻하고 인정이 넘친다.

봉사하고자 하는 마음은 누구나 다 가지고 있다. 하지만 행동으로 옮기기는 쉽지 않다. 더구나 헌혈은 대단한 용기가 필요하다. 사람들은 한두 번쯤 헌혈을 해보았을 터이다. 나도 40살 즈음에 봉사단체의 일원으로 헌혈에 동참했던 적이 있다. 자의적이라기보다 끌려갔다고 해야 옳다.

무섭기도 하고 피를 뽑아 버려 건강에 이상이 오면 어쩌나 노심초사했는데 몸무게가 부족하고 빈혈이 있다 해서 본의 아니게 포기한 적이 있다. 그 당시에는 헌혈을 안 해도 될 구실 삼을 거리가 있어서 쾌재를 불렀었다. 그 후, 몸도 불었고 건강도 좋아졌지만 지금껏 헌혈에 참가하지 못하고 있다. 아니, 하지 않았다고 해야 옳은 말이다. 남에게 베풀 사랑이 부족하다고 해야 될 텐데, 헌혈을 하려고 해도 받아주지 않더라고 자랑 아닌 자랑을 하며 다녔으니 부끄럽기 짝이 없다.

'젊어도 몸이 좋지 못하면 헌혈을 못하지 않는가. 나이도 들었지만 건강하여 헌혈할 수 있으니 축복이다. 여분을 나누는 것에 불과하지만 한 사람의 생을 다시 일으키고 삶을 불어넣어준다고 생각하면 베풀수록 행복하고 나눌수록 건강해지는 이 일을 계속하지 않을 이유가 있겠는가.' 언제까지 헌혈을 실천하실 생각인지 물어보는 내게 K선생님은 되묻는다.

지금껏 사백여 회의 헌혈을 한 것도 모자라 헌혈 제한 연령을 늘린 혈액관리법개정 이후 470회 기록에 도전하겠다는 포부를 밝히신다. 얼마간, 나이 제한에 걸려 헌혈은 못했는데 혈액관리법 개정 바로 다음날 헌혈에 참여했다지 않는가. 혈액수입국인 우리나라에서 헌혈 연령 제한은 형평성의 논리에 맞지 않다고 그 당시 보건복지부 게시판에 간곡한 마음으로 기고했단다. 헌혈 제한 연령이 70세로 연장됐으니 다시금 헌혈 나눔 봉사에 참여하게 돼서 다행이라고 해맑게 웃으신다.

한 번 헌혈량이 오백cc라니 앞으로 이백사십 리터 정도를 혈액 나눔 봉사로 기부하실 작정인 게다. 보통 사람 오십 명이 지니고 있는 혈액량이다.

"우리나라 혈액 보유량이 적다는 얘길 듣고 헌혈로나마 봉사할 수 있어서 좋았지. 주차 관리인으로 생활하는 형편이라 물질적으로 봉사할 길은 헌혈뿐이었고 건강해서 이런 일에 동참할 수 있는 것도 복 받은 게다."라고 말씀하신다. 30여 년 간 흔들림 없이 실천해 왔고 앞으로도 건강이 허락되는 한, 이 일은 생활의 일부분이 될 거란다.

혈액 한 방울 한 방울은 어떤 과학의 힘으로도 만들 수 없고 대체할 수 없는 귀한 보석이다. 흔히 각별한 사이를 표현할 때, 피를 나눈 형제나 마찬가지라는 표현을 쓴다. K선생님은 불특정 다수에게 형제간의 우애보다 더 진한 사랑 나눔으로 뭇 생명들을 구원하고 있다.

국내 최고령 헌혈 왕이라는 기록도 대단하지만 몸의 일부나 다름없는 혈액을 꾸준히 기증하는 마음가짐이야말로 우리에게 귀감이 되고도 남는다. 남의 덕을 보고 싶은 사람은 한없이 많지만 남에게 덕을 베푸는 건 쉽지 않은 게 현재를 살아가는 우리들이다.

가없는 봉사정신을 발휘하시는 K선생님이 존경스럽다. 한 촉의 촛불이 많은 촛불에 불을 붙여도 처음 그 빛은 약해지지 않는다는 ≪탈무드≫의 말을 되새겨본다.

선생님의 헌혈 발자취마다에 야생화 잔잔하게 피어나 향기 가득하다. 갸륵한 덕행을 나누어 주는 인간애가 참 아름답다.

종갓집 며느리는 괴로워

대추가 붉게 물들어 가면 추석이 다가온다. 마음도 발갛게 들뜨기 시작한다. 선산 벌초와 함께 추석을 끼고 연달아 제사 세 번을 한 달 안에 다 치러야 하는 일이 부담으로 다가온다.

제주에서는 선산에 벌초 안 하고 추석을 쉰다는 건 몰상식한 일 중에서도 제일로 친다. 그런 물이 들어서인가 시할아버님이 일본에 가서 번성시킨 친족들도 일 년에 한 번 추석을 앞두고 고향에 내려온다. 일본 친족들을 모시는 건 여간 신경 쓰이는 일이 아니다. 와서 벌초를 거든다고는 하지만 낫질도 제대로 하지 못하는 친족들을 모시고 다니는 건 여간 고역이 아니다.

울퉁불퉁한 목초 밭을 지나야 선산으로 들어가는데 제주에 있는 동안은 불안하기만 하다. 후손의 도리를 하느라고 타국에서 맘 잡고 고향으로 나들이를 하는 것이겠지만 나는 벌초하랴 식사 챙기랴 힘에 부친다. 산길 타기 좋은 차로 바꾼 남편도 못마땅하다. 일 년에 한두 번 하는 벌초인데 매일 타면서 승차감이 좋지 않으니 가끔은 볼멘소리도 나온다.

큰며느리 노릇하느라 손님과 친족들 건사에, 제사 명절 준비하다 보면 대추는 빨갛게 물들고 추석이 닥친다. 우리는 4대 명절 상을 차려야 하므로 제사상 4기가 방안에 빽빽하게 들어차고 문전 상까지 차리고 나면 요모조모 차린 음식이 동이 난다. 추석 차례를 다 지내고 식구들이 정담이 오고가는 음복시간이면 나도 한숨 돌릴 여유를 찾는다.

시어머님 돌아가신 해에는 제사가 많은 집이니 삭망 열두 번을 합쳐서 한 해에 스물다섯 번 제사상을 펴고 접고 했다. 시어머님으로부터 제사명절을 물려받은 지 삼십 년이 되지만 사실 나도 시집올 때 제사가 이렇게 많은 집안이라고 들은 적도 없고 이야기 해주는 사람도 없었다. 닥치니까 헤쳐 나갈 수 있는 나 자신이 가끔은 용하다. 하지만 이대로 자식에게 물려주고 싶지는 않다. 하나밖에 없는 며느리에게 집안의 소소한 일은 말했지만 이 말만은 한 적이 없다. 따로 나가서 서울 생활을 하고 있으니 아직은 부담이 없겠지만 한 해 스물다섯 번 제사를 지낸 적이 있다면 반응이 어떨까.

시어머님은 나에게 제사를 물려주면서 4대의 기제 그릇으로 함지

박만 한 놋그릇들과 놋수저 등 제기를 물려주셨다. 메와 갱 그릇은 각기 크기나 모양이 다르니 쉽게 구분되지만 수저가 문제였다. 넓적하고 긴 수저를 각 대별로 한 쌍씩 꼭꼭 묶어서 구분하지 않으면 잔소리를 하셨다.

선대의 수저가 바뀌면 큰일이나 날 것처럼 혹독하게 가례수업을 시키셨다. 오죽했으면 나는 그 수저들끼리 끈으로 묶고 푸는 게 성가셔서 천을 반으로 접어서 네 줄 칸을 만들어 수저들을 넣는 수저함을 만들었을까.

일대에서 사대까지 차례로 베 주머니 칸에 넣어서 간수하는 걸 보신 후부터는 차례를 지낸 후, 수저에 신경을 쓰지 않으셨다.

시어머님 돌아가신 지 십여 년이 지났다. 제사 명절 때는 동트기 전에 한 시간이나 걸리는 곳의 샘물을 허벅에 길어 오며 정성을 다하셨던 어머님. 정화수 샘물 떠다 정성껏 준비하고 제 수저로 흠향하신 선조님들이 '기특한 우리 며느리.' 하셨겠지.

나는 시어머님 가례 정신을 따르지 못한다. 이왕지사 선조님들께 점수 잘 받기는 틀렸으니 우리 세대로만 끝내야 할 가례의식 목록을 남편에게 제시했다.

제사는 부부합제로 모시기, 당일 제사로 지내기, 2대까지만 제사 모시기, 선묘는 가족묘로 한군데로 모으거나 화장해서 납골묘에 모시기 등. 남편은 더러는 동의하지만 난감해 하기도 한다. 우리 세대에 간소화로 정리하자고 말해 보지만 워낙 우유부단한 성격이라 민지는 못하겠다.

조상 없는 자손 없다지만 조상숭배에 역점을 둔 우리의 유교사상도 사실은 이백년의 역사밖에 안된다고 한다. 그전에는 당대 제사만 지냈다고 하니 이후의 자손들에게는 역사의 수레바퀴 따라 단순화됐으면 한다.

친구와 얘기하던 중에 올해도 제사 때문에 그룹 여행을 세 번 놓쳤다고 하소연하는 소릴 들었다. 그 친구도 나와 같이 종갓집 며느리이니 제사가 많아 그런 일이 생길 수밖에.

종갓집 며느리지만 집안일에 구애 받지 않고 여행도 가고 싶고, 냉동실에 제사 때 차릴 산적거리, 생선들로 가득차서 한여름 얼음조차 얼려먹지 못하는 괴로움에서 해방되고 싶다.

더 중요한 것 하나, 종갓집 큰며느리 감투를 물려받을 수밖에 없는 내 며느리에게 이 무거운 짐을 얹어 주고 싶지 않나.

신은 소 눈 속에도 있었다

불현듯 그곳에 가고 싶어서 설을 쇠자마자 다짜고짜 떠나자고 했다. 올해가 나의 환갑인 걸 큰 위세마냥 설쳐댔다. 지금 실행하지 않으면 영영 기회가 올 것 같지도 않았다.

남편은 여행길이 험하다는 인도를 며칠 사이에 결정한 나를 한심한 듯 쳐다보며 "정초부터 웬 극성인가."

한마디 한다. 생의 반 이상을 같이했고 새로운 삶을 다시 시작한다는 의미 있는 해인데 이깟 강짜는 받아줘야지 않나.

계획도 없이 나선 여행이었지만 선선한 기온은 대충 담고 간 의복으로도 무난했다. 이것저것 밑반찬 챙겨야 된다고 조언해 주는 이의 말은 넘겨버리니 열 밤이나 머무름에도 가방은 가벼웠다. 껌

한 톨일지라도 현지 조달 원칙이다. 다만 여권은 잘 챙기고 메모지는 필수다.

인디라 간디 공항에 내리자마자 온갖 쓰레기가 너풀거리며 달려든다. 그렁저렁 하릴없이 배회하는 수많은 사람들과 짐승들, 지붕에 덮은 누더기가 드나드는 입구에 흘러내려도 허리 굽혀 출입하면서 손댈 생각을 않는 그네들을 곰파려 해도 도무지 이해할 수 없을 정도다.

천성이 낙천적인 남편과 죽이 맞겠다고 놀리니 유유자적한 그네들과 살면 행복할 것 같단다. 한 술 더 떠서 인도 음식에서 한국의 토속 된장 냄새가 난다고 하니 더 말해 무엇하랴. 인도 여성들이 게으르게 보이는 것도 한국 주부인 나의 선입관이란다. 참혹한 가난의 틀 안에서도 여유만만해 보여 남편은 좋단다. 각자의 생각 차이라며 외려 직격탄을 날린다. 내 눈과 입만 씁쓸하다.

몇 백 년 전 건립된 이슬람, 힌두교 등 사원 유적지와 궁전들의 위용은 그 시절의 영화를 가늠케 한다. 거대한 건축물에 안치되어 숭배하고 있는 신들의 형상을 보면서 나의 관념은 묽은 범벅에 꽂은 젓가락처럼 갈피를 잡지 못했다. 다신교인 힌두교의 나라 인도. 그들이 숭앙하는 브라흐마, 시바, 가네샤, 비슈누 신들은 인도인들의 문맹과 빈곤을 전능한 신의 영역에서도 어쩌지 못함인가.

십이억 인구에 삼억 구천여 신이 있단다. 그러니 내 눈에도 흔히 보였을까. 가는 곳마다 내게 다가와 서성거리거나 정좌해 있거나 쪼그려 앉아 해바라기하고 있는 신, 신들.

찌그러진 깡통을 대문처럼 옆에 놓고 안식처인 듯 드러누운 행려 노인의 형형한 눈동자에 있는 신은 깡통에 동전이 떨어지면 허공을 가르는 운석의 섬광처럼 통속으로 빛이 내리꽂히곤 했다.

해바라기하고 있는 소의 눈 속, 신에게 말 걸기를 해봤다.

"무슨 생각을 그렇게 골똘히 하나?"

"아직은 파리 떼가 극성을 안 부리니 살만 해. 고놈들이 버르장머리 없기가, 나까지 통째로 빨아먹을 듯 달려들면 아주 귀찮아."

모든 자연은 명분과 환경에 의해 더불어 존재한다지만 현실이 아닌 것 같아서 뒤돌아보며 확인도 했다. 복잡한 찻길이나 시장을 누비는 소, 염소, 개가 난장판인 거리. 쓰레기더미는 거리 곳곳에 쌓아둘게 뭐람. 어이없어서 웃음이 나왔고 연구할 거리라도 있는 것마냥 골똘히 쳐다보다가 일행을 놓치기 일쑤였다.

이곳을 보지 않으면 인도를 본 것이 아니며, 이곳을 보았다면 인도를 다 본 것이라는 바라나시에 갔다. 인파와 오물이 뒤범벅이고 뿌연 매연과 악취로 눈은 매웠지만 노을은 '어서 오라' 벌그레 나를 반긴다.

갠지스의 일몰을 보려고 자전거 릭샤를 탔다. 얼굴에 반은 차지하는 것 같은 흑수정같이 빛나는 눈의 릭샤꾼에게로 갔다. 되돌아갈 때 찾기 쉽게 황색 스카프를 두른 사람을 택했더니 달러 한 장에 영혼이 다 들여다보일 듯 반기는 눈동자가 애잔하다. 반시간여를 오르막이 연속인 길에서 장작처럼 마른 발목으로 자전거 페달과 씨름한다. 같이 굴러줄 방법도 없고, 내려서 뒤에서 밀지도 못할 입장이다. 내 몸무게 때문에 자전거 바퀴가 짓눌리는 느낌에 좌불안석이었는데 사람들에 치여 더 이상 갈 수 없어 내리니 오히려 홀가분하다.

몇 걸음 디디는 사이, 어린 소년이 내 메모장에 꽂은 볼펜을 달라기에 뽑는 순간, 열 명쯤 내 손목에 달라붙는다. 그것도 자동차와 릭샤와 사람들이 뒤범벅된 곳에서다. 가이드로부터 핀잔을 들어 떨떠름한데 남편까지 한마디 한다.

"재미삼아 그러지 마라. 애들이 자동차에 치이지 않은 게 다행이네."

바싹 마른 애들 손아귀가 무지 억세서 슬펐는데 어미란 이름을 지닌 내가 아이를 노리개 삼는다고 하다니. 재미 삼아서라고 하는 남편의 말이 밉다. 너그러운 어머니의 강 갠지스 입구에서 한숨 내리쉬고 저들을 보니 그새 손잡고 헤헤거리며 관광객들 사이를 비집는다.

강으로 내려가는 계단에서는 '뿌자'라는 종교의식을 거행하고 있었다. 그 기도에 동참하려는 관광객과 현지인들로 일몰 후의 가트는 빽빽하다. 잘 여문 해바라기 씨가 박힌 것처럼 조금의 틈도 없다. 간신히 보트에 타고 바라본 가트 위 '뿌자' 의식은 매일 밤 거행

한다는데도 연례행사처럼 거창하고 화려의 극치다.

갠지스로 오는 길을 신과의 만남이라 여기는 사람들의 기도가 뿌자 의식을 위해 피운 횃불을 타고 강으로 쏟아져 내린다. 강물이 모두 받아들인다. 어지럽고 심란한 인간사를 다 껴안는 갠지스에 연민이 인다. 강물이 혼탁한 이유를 알 것 같다. 보트에 앉아 있는 내 머리 위에도 하 많은 사연들이 떨어지는 듯하다. 내려앉은 사연 중에 고향 그리운 이가 염원했나. 문득 도연명의 〈귀거래사〉가 떠오르며 깔끔한 고향 냄새가 그립다.

신과 하나가 된다는 믿음으로 강에 몸을 담그며 죄를 사하고픈 사람들, 그들은 다른 이가 내뱉은 고뇌를 머리에서 발끝까지 적셔 들고 나온다. 집요하리만치 기도에 몰두하는 그들의 정신세계와 현실의 간극을 무엇으로 메워야 할지 혼란스럽지만, 주거니 받거니 하며 그러구러 사는 게 인생 아닌가. 잠깐 스쳐가는 행인인 나는 눈요깃감으로 맛만 볼 수밖엔.

'현실이 지옥이네.'라고 표현할 수밖에 없는 곳에서 밤은 이슥해 가고 갠지스에서 죄가 씻어지기를 바라는 기도보다 호텔로 무사히 가는 게 절실한 시간이다. 가이드를 놓치면 나락에 빠질 것 같은 위기감에 눈을 안내원의 뒤통수에 단단히 묶고 따라 갔다. 천국으로 가는 길도 이리 쫓아 가면 이르겠다 싶은 생각에 픽 웃음보가 터진다.

다음 날 이른 새벽, 인도 여행의 하이라이트인 갠지스 일출 풍경을 보러 가던 중, 흙먼지 풀풀 날리는 곳에서 마셔야 제맛이 난다는 인도 전통 차 짜이 맛을 봤다. 홍차에 여러 가지 향신료를 우려낸 물에 우유와 설탕을 듬뿍 넣은 따뜻한 음료를 황토색 흙 그릇에 부어준다. 장사가 잘되는 가게 앞에는 한 번 마시고 버린 그릇들이 수북하다. 백 원이면 마실 수 있는 차와 일회용 그릇, 인도 여행을 하면서 제일 호사스러운 길거리 장사 풍경이다. 깨진 찻잔 위를 어른 아이 할 것 없이 맨발로 거침없이 다닌다.

새벽이라 동서를 구분할 수는 없었지만 강가에 서면 떠오르는 해를 놓칠 일은 없겠지 싶었다. 가트와 일렬종대로 건물이 강과 수평을 이루고 있었다. 얼마간 흐른 후, 강이 불그레한 목젖을 내보이는 순간, 서글픔이 눈앞을 가로막는다. 일출을 보려고 보트까지 타면서 남보다 앞섰는데….

마니카르니카 가트 화장터의 불다는 시신, 그 수위 강물에서 연기에 휩싸여 목욕하고 기도하는 신자들. 화장터 위쪽 즐비한 주택 창가에서 화장하는 광경을 내려다보거나 기지개 켜는 사람들. '스리 람 남 샤티 헤(라마신은 모든 걸 알고 계시다).'를 외치며 시신이 안치된 장작더미에 연달아 불을 댕기는 불가촉천민不可觸賤民의 눈빛. 그 눈빛과 피워 논 장작 불빛에 젖어 소리 없이 붉은 울음 우는 갠지스 물결을 하염없이 바라봤다.

해가 뜨니 눈에 잡히는 모든 것들이 생과 사의 경계를 흐릿하게 만들어 버린다. 벌건 태양과 또 세상과 대면하는 순간, 한 움큼 서늘한 바람이 스친다. 밤에 본 갠지스는 의연했는데….

눈두덩이 붉게 물든 해님을 물밑에서 들어 올리며 강물이 흐느낀다. 보트 가장자리에서 나는 강물을 손바닥으로 쓰다듬었다.

'갠지스여, 우리네 삶이 참 처절하네. 죽음의 끝은 너무 어이없어. 우주에서 가장 아름다운 별 지구, 그러나 어느 누군가에게는 목마름의 별, 또 누군가에게는 어둠의 별인 걸 이제야 알겠어.'

삶과 죽음의 경계가 모호했던 인도 여행은 나에게 숙제만 잔뜩 얹어 줬다. 그 답을 찾으려 한 번 더 가야 하나.

허드슨 강 연가

구월에, 로이가 태어났다. 한국의 추석 다음 날이니 미국의 추석날이다. 내 집에서였다면 추석날 끓인 올돔미역국에 곤밥* 한가득 차려 줄 텐데, 사위가 들고 온 케이크 한 조각이 바싹 말라 버린 산모의 입을 간신히 열게 한다. 물 한 모금, 입 축이라고 건네주는 내 손조차 서운한지 바르르 떤다.

뜨뜻한 구들장 방에서 산모도 보살피고 갓 태어난 아가의 고추도 쓰다듬으며 잘 다져진 쑥개떡 같은 숙변의 향기도 맡아 보고 싶은 건 나의 희망사항일 뿐, 친정엄마와 할머니 역할은 먼산바라기가 되어버렸다. 복장이 유달리 하얀, 말만큼 거대한 흑인 간호사가 뭐라 뭐라 중얼거리며 출입통제구역이라고 철저히 못 박아 버린다.

밤에 산모 방에 같이 있겠다는 건 언감생심 월권이라는 거겠지.

씁쓸했지만 홀가분하기도 하다. 하룻밤 집에 있다가 내일 병원에 가면 될 텐데 뭐, 오히려 잘됐지 싶다. 마음 졸이던 일들은 위대한 시간이 다 해결해 주고 있으니 걱정할 일이 뭐 있겠나.

산모가 사십을 바라보는 나이에 더구나 초산이니 걱정이 안 될 수 없었다. 집안에 연달아 두 번이나 다가오는 제사와 추석도 남편에게 다 맡겨 놓고 한 달음에 바람처럼 내달려왔지 않은가. 조바심과 걱정을 터질 듯이 가슴에 안고, 짐도 최대한으로 챙겨 오려고 체중계를 옆에 놓아 무게를 재 보면서 꾹꾹 눌러 담았었지. 배낭은 짐 무게에 제외라 하여 따로 짊어지기까지 했다. 그렇게 마음도, 짐도, 무겁게 들고 지면서 왔는데, 이제는 마음에 짐이 시원하게 날아가 버렸다. 아니 시간이 다 날려 버린 거다. 저 허드슨 강물 위로 흘러간 구름같이 단숨에.

한숨 놓았으니 실컷 여유를 부려 볼 심산으로 강가를 슬슬 거닐며 집으로 갔다. 구월의 풍경들이 어제까지는 설익은 감처럼 떨떠름해서 맛이 돌지 않더니 오늘은 보이는 모든 것이 무르익어 단 향이 폴폴 난다. 강물도 나를 보더니 덩실덩실 춤을 춘다. 금방 커다란 배 한 척이 지나간 뒤라 너울이 역동적인 춤사위가 나를 부추긴다. 너울 따라 어깨춤 추고 싶지만 이곳 강가는 워낙 산책로가 잘되어 있어서 밤낮 사람들이 끊이질 않으니 내 기분 좋다고 덩실거릴 수도 없는 노릇이다.

추석은 잘 지냈는지 남편에게 전화하며 우리의 다섯 번째 손자, 로이가 태어난 소식도 전했다.

"로이 사진 보내수다."

제주의 시간은 지금 새벽 3시이니 뜬금없는 내 말에 남편은 놀랐을지도 모르겠다.

"어! 로이, 로이가 누군데?"

에이, 어리벙벙한 하르방! 미리 지어 놓은 손자 이름을 그 사이에 까먹다니. 그렇게 고대했으면서….

"현주 아기요. 지금 막 낳았어요."

"어허허! 로이, 건강한가?"

"사진 봅서. 요망지게 생겨수다. 얼굴 반이 이마에다가 눈매도 옹골찬 게 ᄉᆞ나이 중의 ᄉᆞ나이로 태어나수다."

오랜만에 제주도 사투리를 마음 놓고 썼더니, 삭은 김치를 밥에 얹어 먹은 듯 속이 확 뚫린다. 고향에 소식을 알린 것뿐인데 내가 큰일이라도 해낸 것마냥 뿌듯하다.

나만의 시간, 여기는 추석날이니 한국 시간으로 9월 28일 밤이다. 오늘은 삼십여 년 만에 슈퍼문이라 하는 기이한 추석 보름달이 뜬다고 했지. 더구나 블러드 문이라고 했다. 내 아이들이 결혼하여 뿌리 내리는 걸 보살필 시간이 주어지고 바라볼 수 있는 오늘같이 기쁜 날, 감사의 기도를 정성껏 올려야지.

사실 여기에 온 지 십여 일밖에 안 돼서 밤길을 혼자 나선다는 건 불안했지만 우리 로이, 근 열 시간을 세상 밖으로 나오려고 얼마나 바동거렸겠나. 밤길이지만 눈앞 강가 거니는 걸 두려워하는 내 모습이 한심하다.

간단히 저녁밥을 때운 뒤, 호주머니에 넣은 열쇠를 재차 확인하며 몇 시간 전에 지나왔던 아파트 울타리 밖 강가로 나왔다. 들뜬 기분에 휩싸여 멀리 가지는 말자 다짐하며 하늘을 보니 어느새 달은 두 시 방향까지 떠올라 맨해튼 웨스트, 다운타운, 맨하탄 이스트 뷰 등, 화려한 맨해튼 시티 야경을 뚫고 두둥실 허공에 걸렸다. 맨해튼 야경 현란한 불빛들이 별이 되어 바다에 깔려 있고 은은하게 붉은빛 머금은 슈퍼문은 허드슨 강물이 떠받들고 있다.

갑자기 혼란스럽다. 달 위에 별이 있었나, 별 위에 달이 있었나. 저 달이 맨해튼 야경에 물들어 블러드 문으로 변해 버린 건 아닌가. 자연의 오묘한 이치를 생각하기 전에 눈앞 세계 최고의 문명을 자랑하는 맨해튼 야경을 배경으로 떠 있는 달을 우러르며 자연과 문명의 기막힌 어울림에 반해 버렸다.

추석 달이 개기월식을 한다고 붉게 물든다는 건 이론상으로는 이해되지만 상상 밖으로 거대한 슈퍼문을 동시에 보게 되다니. 한국에 있었으면 보지 못했을 광경을 여기 거대한 나라의 초일류 야경을 배경으로 두 눈에 똑똑히 담고 있으니 이 어인 행운인가.

'맨해탄의 야경은 허드슨 강물의 냄새와 숨소리를 들으며 그 물

위에 띄워놓고 감상해야'라며 내 멋에 겨워하던 이곳이 아닌가. 제대로 차려 놓은 주안상같이 강기슭 바위에 앉아 찰랑이는 물소리를 들으며 봐야 분위기 돋운다고 그간은 고상한 생각을 했다. 그렇게 엣지워러에서 감상하는 맨해튼 야경에 흠뻑 빠졌었는데, 한 술 더 떠서 슈퍼 블러드 문을 강물에 띄워놓고 감상할 수 있다니. 역시 사람은 나돌아다니다 보면 이래저래 얻는 게 있긴 하네.

오늘, 한국에서는 지나가 버린 명절이지만 뉴욕은 명절날이다. 아침 일찍 딸이 산기를 느끼는 통에 허겁지겁 병원으로 달려갔으니 추석이라지만 허전해 할 마음의 여유가 있었겠는가. 저녁도 혼자이니 어제 먹다 남긴 딱딱한 베이글을 뜯어 먹는 걸로 대신하고 나왔지만 코앞에 차려진 이 찬란한 성찬의 호사로움을 어찌 혼자 품어 안을까. 맨해튼을 배경으로 허드슨 강에 내려앉은 저 달과 별들을 어떻게 받아들여 가슴 안에 놓아야 하나. 머리 들어 하늘 쳐다보면 벙그레 웃어 주는 저 복스러운 달님의 은혜까지를.

오늘, 로이도 블러드 빛 달덩이로 엄마의 자궁을 빠져 나와 우리에게 와락 안기었다. 가슴 철렁! 벅찬 감정에 눈물이 주룩 떨어졌었지. 이 저녁에 블러드 슈퍼문이 동녘 하늘에서 불쑥 솟아오르며 또 한 번 풍성한 기쁨을 안겨 준다. 대 명절에 혼자여도 좋다. 이렇게 행복한 순간들을 주신 신이여. 감사합니다.

넉 달이 쏜살같이 흘러가버렸다. 짙푸르게 허공을 온통 장악했던

가로수가 황금색으로 물드는가 싶더니 어느새 우수수 떨어져버린다. 하루가 다르게 앙상한 가지를 드러내는 아름드리 나무가 내 마음이다. 허드슨 강가의 유무생물들이 나만 보면 침울해 한다. '언제 떠나니.' 하며 울었고, '다시 못 올 거냐.'며 울먹였다. 강물도 울음 운다는 걸 이제야 알다니. 허드슨 강아 안녕.

한참을 머물렀으니 헤어짐이 수월할 줄 알았다. 강가의 오리들이 내 곁으로 뒤뚱뒤뚱 따라오며 무엇 하러 와서 울며 떠나려 하느냐 한다. 내 심정을 털어놓아도 이해하지 못할 터이니 말해 무엇하랴.

이 강가를 거닐 때마다 냄새를 피워 제 존재를 알렸던 캥거루, 홀 푸드마켓 앞 강가가 놀이터인 하양 깜장 고양이들, 강변에 터주격인 비둘기들도 안녕.

9월부터 지금껏 나만 보면 반갑게 온몸 흔들며 반기던 억새야. 그사이 많이 야위고 윤기 가셨지만 너 대단해. 12월이 코앞인데 끈질기게 지금껏 버티며 송별의 날을 기다려줘서 고맙다. 나와 처음 만나 헤어져야 할 지금껏 피고 지고 또 피는 무궁화야, 너도 고맙다. 요사이 오싹 추웠는데도 엊그제 양지쪽에서 활짝 웃음으로 나를 맞아 주었고 우리 마지막 인사 나누었지. 너 끈기 있는 대한의 꽃이 분명해. 기억할게.

감당 못할 정은 주지나 말 걸. 받지도 말 걸. 그리고 만들지 말 걸. 백여 일간, 내 눈 닿았던 곳곳들, 나의 친구들이여. 안녕.

내가 늙는 건 서럽지 않은데 먼 이국에서 주근깨 덮인 만삭의 딸의 입가 주름을 보며 몰래 울먹였던 허드슨 강가 산책길을 잊을 수 있을까. 남산만 하게 커 버린 딸의 배를 보며 어떻게 걸을 수 있겠냐며 집에 있자고 해도 쉽게 낳으려면 운동을 해야 한다고 오히려 나를 끌어내어 이 길을 걷고 걸었지. 걷다 지치면 목제 벤치에서 바라보던 저 강물과 이 길을 두고 이제 떠나야 하네.

하루가 다르게 도담도담 자라는 우리 로이, 내년 따스한 봄날이면 엄마 아빠가 밀어 주는 유모차 타고 이 길 오갈 테지. 나의 용감무쌍한 딸과 착한 사위, 사랑스러운 내 손자 로이야. 안녕.

* 곤밥: 쌀밥. (제주어)

인어가 되고 싶어

내 고향은 제주 바다랍니다. 나는 분홍색이 감돌면서 등 쪽과 머리는 연지처럼 발갛게 물들어 있지요. 옥같이 곱다 하여 이름도 옥도미입니다. 이웃들은 우리를 보면 사랑에 빠진 홍학 같대요. 가슴에서 하체로 흐르는 유연한 몸매와 옥색 비늘은 명품으로 치장한 요조숙녀를 연상케도 한답니다.

우리는 수심 깊은 곳의 펄이나 모래 바닥에 구멍을 파서 생활하기 때문에 동네길 걷듯이 노련하게 바다 속을 누비는 제주 해녀들에게도 좀처럼 잡히지 않아요. 하지만 쌍끌이 어망에는 당해낼 재간이 없답니다. 어류 중 으뜸으로 여겨서 선물로 인기도 좋지만 원기 회복에 좋다 하여 산모의 출산 후 몸조리 음식에 최고로 꼽지요.

제주에서는 제사 음식으로 빠지지 않거니와 특산품으로 귀히 여기니 몸값이 만만치 않아요.

좋은 환경에서 우수한 혈족으로 태어난 덕분에 대접 받으며 지냈는데 요사이 이웃들의 분위기가 술렁거려 불안합니다. 이 깊은 바다까지 감도는 심상치 않은 흐름 때문에 이웃들이 하나 둘 이삿짐을 싸네요. 빈 집들이 나날이 늘어갑니다. 제주바다 수온이 자꾸 상승하니 남태평양으로 이민 떠난대요.

난, 모두가 떠난다 해도 고향을 등지고 싶지 않아요. 하늘 맑고 바람 잔잔한 날이면 물거울에 비친 몸매에 꿈을 얹어 보며 나르시즘에 젖어 보는 곳, 흑수정 같은 현무암에 찰랑이는 청량한 물결과 영원히 함께할 미래를 그려 보는 이곳, 제 삶과 꿈은 여기가 아니면 아무런 의미가 없어요.

제가 바라는 꿈은 신데렐라같이 우연히 찾아 온 행운을 바라는 것도 아니고 백설공주처럼 고귀한 상위 신분을 누리고자 하는 것도 아닙니다. 지고지순한 사랑으로 스스로를 희생한 인어공주의 넋을 이어받고 싶을 뿐입니다.

제주는 태곳적부터 천지개벽을 거치면서 일만 팔천여 신들을 거느리는 신화의 섬으로 태어났지요. 세계의 보물인 섬을 사람들은 하루가 다르게 발전시키고 있지만 슬기나 지식의 힘으로 어찌할 수 없는 신통한 대자연의 이치가 신의 영역이랍니다. 물론 내가 살고 있는 바다에도 우주의 반 이상의 생물이 살고 있어서 사시절 바람

잘 날 없이 다사다난 하지만 자연의 순리에 순종하며 대대손손 삶을 누리고 있어요. 바다에도 신의 계시를 물결이 보여주고 들려주거든요. 턱 괴고 누워서 쳐다보는 것만으로도 우주에 존재하는 온갖 기운을 다 이해하지요.

제주에서는 매년 음력 2월 초하루에 큰 당굿이 열립니다. 바다의 신인 영등신을 모시는 굿이랍니다. 영험한 영등할망이 섬에 와서 보름 간 머물면서 바다의 소라나 전복, 미역 따위의 씨를 뿌려 바다를 풍성하게 하고 어부들의 생활이 윤택해지도록 보호하여 주는 성스러운 기간이지요.

제주 바다를 관장하는 영등할망을 신으로 모시게 된 사연은 척박한 자연에서 삶을 지탱해야 하는 섬사람들과 바다신과의 끈끈한 애환이 서려 있어요.

제주는 음력 2월을 앞두고 봄이 저만치 오는가 싶으면 뭍과 바다는 번번이 독감에 걸린 듯 몸살을 앓습니다. 올해도 진눈깨비가 내리고 바다는 뒤집힐 듯 요동치네요. 뒤숭숭한 날씨 때문이기도 하지만 더 심란한 건 칠머리당에서 지내는 영등굿 제사상에 올려질 단짝 친구를 실은 배가 먼동을 할퀴듯 가르며 제주항으로 떠나는 걸 멀거니 볼 수밖에 없는 일이에요. 떠나버린 단짝은 나와는 생각이 달라 늘 티격태격했거든요. 내 꿈을 듣는 둥 마는 둥 코웃음 치는 게 야속타 했는데….

내일이 음력 2월 초하루, 영등할망 오시는 날입니다. 사람들은 사라봉 칠머리당에 모여 풍어를 비는 기도를 올릴 겁니다. 친구도 삶의 끝에서 어민들이 차려 놓은 제례상 위에서 안식의 기도를 올리겠지요. 그 친구는 제주바다가 자기를 키워 줬으니 영등제의 제물로 간택되어 영광이라고 하더군요. 부질없는 꿈을 꾸는 건 허망한 짓이라고 내게 충고했어요. 하찮은 물고기 주제에 허황된 꿈은 허무맹랑하대요. 처신 따라 제각각 갈 길이 있다고 하더군요.

내 꿈이 어때서요. 잉어도 황하의 용문계곡을 튀어 올라 등용문이라는 휘장을 꿰찼잖아요. 어떤 고난이 닥쳐도 제주 바다를 떠나지 않을 거예요. 인어공주로 환생하고픈 꿈이 내가 살고 있는 이유인걸요.

땅끝 마을 지렁이

아침저녁 바람 선선하여 옷깃 여미게 한다. 베란다에는 이른 봄에 심은 고추가 아직도 하얀 꽃을 피워 대고 있다. 풋풋한 고추가 이 가을까지 식탁에 끊임 없이 오른다.

두어 바가지밖엔 없는 납작한 화분의 흙에서 그 많은 고추를 열리게 하다니. 신기하고 용하다. 영양이 될 만하다 싶은 음식물 찌꺼기라든가 낙엽 나부랭이로 기를 돋워 주긴 하지만 이까짓 수고로는 턱도 없는 일이다. 자연의 힘이 무한함을 새삼 느낀다.

아침 청소를 하려고 화분을 옮기다 보니 그 밑에 지렁이 한 마리가 꾸물대고 있다. 언제 기어 나왔는지 한 마리는 타일 바닥에서 바짝 말라붙었다. 산 지렁이랑 죽은 지렁이를 쓸어 담아 얼른 밖에 내다버렸다.

타일 바닥에서 말라 죽은 지렁이를 보니 한 달 전에 해남 땅끝 마을에 갔을 때 도랑에 무더기로 떨어져 죽어 있던 지렁이 떼가 떠오른다.

해남의 끝자락인 그곳은 땅끝 마을이라 불리는 유명한 관광지다. 관광지가 되기 전에는 포구가 딸린 조그만 마을이었단다. 한반도 최남단 땅 끝이라는 상징성에 착안해 전망대를 설치하면서 급부상한 자치 마을이다. 한 지역이 일궈 낸 보기 드문 성공사례다. 지금은 밀려드는 관광객을 받아들이느라 전망대로 오르는 케이블카까지 설치해 놓았다.

몇 년 전에 갔을 때는 케이블카가 없으니 으레 걸어서 전망대까지 거뜬히 올랐었다. 이번도 운동 삼아 걸어서 가기로 했다. 그날따라 오후의 햇살이 뜨거웠다. 그런데 예전 그 길이 아니었다. 서쪽 산등성이 능선으로 에돌아 꼬불꼬불 길을 내면서 콘크리트 도랑을 깊게 만들어 놓았다. 시공해서 얼마 안 됐는지 마감으로 발라놓은 시멘트는 깨끗한 회색이다. 이끼는 고사하고 풀도 범접을 하면 말라 죽이겠다는 듯 골격이 땡땡하다. 그런데 볼펜만 한 크기의 길쭉하거나 둥그렇기도 한 형체의 것들이 도랑에 수없이 깔려 있다. 검정 물감을 흘려 놓은 것같이 어지럽다.

저게 다 뭐지? 가까이 다가가 유심히 봤다. 지렁이 주검들이다. 무의식적으로 도랑 위 산비탈에 눈이 갔다. 나무 무성했을 산자락은 알땅으로 벗겨져 있고 깨어지고 부서지다 비탈에 남아 있는 암석도 개발이란 명분으로 처음 세상 빛을 봤는지, 해와 눈 마주치는 것도 따가워 얼굴 벌겋게 달아오른 채 쩔쩔매는 모습이다. 주위의 풀과 나무들도 암석 옆으로는 감히 접근이 어려운 듯 엉거주춤해 있어 안쓰럽다. 벼룻길이 더 가팔라져 버렸다.

도랑에 수없이 떨어져 말라 죽은 지렁이를 보면서 여러 생각들이 스쳐 지나갔다. 떨어지면 기어 나갈 구멍이 없는 걸 판단 못한 지렁이들의 어리석음일까? 아니면 땅 끝이 관광지로 변모하면서 질펀하던 시골길이 아스팔트로 바뀌어 살 터전을 잃어 자포자기해 버린 걸까. 그도 아니면 바다로 이어진 편안한 삶의 터전을 가로막는 사람들에게 항변으로 낙화암의 삼천궁녀처럼 떨어져 자결이라도 한 걸까.

한낮 미생물이지만 땅끝 마을 달마산 자락에 둥지 틀어 몇 만 년을 살았을 터주들이다. 도랑에서 말라 죽은 지렁이 시체들을 다시금 들여다본다. 그 죽음의 형태들은 제각각이지만 무언가 이런저런 상형문자로 메시지를 남겨 놓은 것만 같다. 죽음으로까지 가면서 말하고자 하는 게 무엇이었을까.

인간의 편리 때문에 울퉁불퉁하지만 흙냄새, 자연의 냄새 폴폴 나는 자갈길이나 흙길을 아스팔트 포장해서 매끄럽게 한 우리들은 그들의 삶의 터를 무자비하게 빼앗아 버린 거다. 시도 때도 없이 달리는 관광차의 행렬이 지역의 발전을 가져오기도 하겠지만 무수하게 파괴되고 바뀌는 생태계의 변화는 우리 인간에게 이득만을 줄까. 진화론의 창시자 찰스다윈은 지구상에서 가장 가치 있는 생물이 바로 지렁이라고 했다.

아침에 죽은 지렁이와 같이 내쳐 버린 산 지렁이에게 내가 못할 짓을 한 게다. 고추를 지금까지 열리게 한 데도 이 지렁이가 한몫을 했을 법하다. 베란다 밖을 들여다봤더니 죽은 지렁이 몸에는 그새 개미들이 까맣게 붙어 있다. 제발 살아 있었던 지렁이는 저 개미들의 밥이 되지 말았으면 한다. 무의식적으로 한 행동이었지만 나의 무정함이 싫은 하루다.

6부

헛꽃 사랑

어느 여악 기생의 혼령인가. 부질없는 사랑도 그리우면 애끓는 것을, 애련의 정에 겨운 헛꽃이 애처로이 고개 젖힌다. 겨레붙이를 위한 몸짓은 결코 헛사랑이 아니었다. 몸 바친 헌신이다.

헛꽃 사랑

여름 초입, 들머리 식힌 장맛비는 질펀했다.

반짝 햇살 따가운 유월 막바지, 사려니 숲 속살엔 공기조차 꿈틀꿈틀 크는 듯하다. 오가는 발길에 잦아든 질경이도 치맛자락 걷어 올리느라 부산 떤다.

오솔길 따라 늘어선 풀들, 나무들, 얼~쑤 한바탕 마당놀이 같은 작달비에 홀렸는지 너나없이 노곤해 뵌다. 다만 제 향기에 취한 더덕넝쿨은 반반한 산수국 허리 휘감아 안고 헛꽃 입술 매만지는 손끝이 날렵하다. 상현 낮달, 조는 듯 훔쳐보는 눈매 요염하다. 나른했던 오후가 번쩍 눈 치켜든다.

나비 한 마리 팔랑거린다. 이때를 놓칠세라 산수국 참꽃이 배시시 입술 연다. 사뿐히 합환하는 나비. 하얀 날개에 내려앉은 햇살이 바르르 떨린다.

어느 여악 기생의 혼령인가. 부질없는 사랑도 그리우면 애끓는 것을. 애련의 정에 겨운 헛꽃이 애처로이 고개 젖힌다. 겨레붙이를 위한 몸짓은 결코 헛사랑이 아니었다. 온몸 바친 헌신이다.

참꽃에 내리는 헛꽃의 눈시울, 붉다.

가을 만가

아침에 태어난 하루살이, 온기 좇아 누렁소 등허리 맴돌며 늙어가는 오후. 나목이 손짓하는 영주산 자락을 등 굽은 어머니 황망히 오른다. 자드락길 갈매나무도 그새 사색이다.

초록 무지개 깃든 아버지 무덤은 잡풀 삭아 봉긋하니 반가운데 한 줌 남은 햇살이 설핏설핏 기울며 그리움을 쏟는다. 지아비 무덤 옆, 또 하나의 봉분으로 하염없이 앉아 있는 어머니, 혼잣말 중얼거림이 어느새 하소로 변해 주절주절 쌓인다.

"이녁은 얼마나 팬안 허우꽈. 나도 혼저 둘앙 가 줍서."

두엇 남은 산목련 잎 스치는 갈바람이 병색 짙은 어머니 얼굴가에 머문다. 흘러내린 몇 올 백발이 설레발 떨며 어머니 눈치를 살핀다.

하루의 저물녘이 어둠을 짓는다. 생과 사, 두 무덤이 어스름을 먹는다. 멍하게 허아비로 서 있는 나를 산그늘이 내리 덮친다.

망종에 울음 버린 지빠귀 한 쌍, 목멘 소리가 구슬프다.

말 걸기

물러터진 못난이, 왜 우물쭈물 한마디 말도 못했어. 가시밭길처럼 성질 사납게 굴어서 한 발짝도 넘보지 못하게 하지. 그도 아니면 못 본 척 피해 버렸으면 좋았을 걸.

속 끓였다. 진한 블랙커피가 들어 있는 머그잔을 무릎 위에 놓고 들여다보다가 아뿔싸. 머그샷 찍혔네. 일그러진 내 얼굴이 험악하다.

'그래 아픈 마음 알아. 그도 내게 못할 말 한 걸 알고 있을 거야. 생트집 잡아 해코지 한 걸 모를 리 없겠지. 아무 생각 말고 밀크커피나 마시자.

숨 내리쉬고 달달한 커피를 마시며 나에게 주거니 받거니 하다 보니 홀가분하다.

안다리 바깥다리 단골인 줄만 알았던 걸기 기술, 너 참 대단하다. 가슴 뜨겁고 욱신거리던 울화통을 한 판에 팽개치는 걸기 실력을 발휘 할 줄이야. 그 기술, 참 신통하네.

내가 내게 화해한 기념으로 인증샷을 찍어야지. 밀크커피 속 내 얼굴이 보얗다.

첫사랑

간밤 꿈속에 내 손 덥석 잡던 너.

하! 이내 열정아, 어디 숨어 있었니. 짠하게 몰려드는 그리움, 단내가 뭉클 피어오르네. 어디서 어떻게 지내니. 세월 없는 곳에 사는지 네 모습은 예전 그대로더군. 너 보고 싶고 그때 그곳에 가고 싶어라.

묵은 짠지처럼 짜디짠 해풍이 휘감기던 갯가 불턱바위* 옆 숨비기 열매 오종종하게 모여앉아 향기 피우던 거기, 우리의 아지트는 지금도 여전할까.

짙푸른 물결 위로 나의 날쌘 왕자는 물총새처럼 다이빙했었지. 알싸한 기운이 나의 열다섯 마디를 붉게 물들였고 인어공주가 되고

픈 나는 그 여름 내내 비릿한 바다가 좋았어.

삶의 고갯마루에서 펼쳐 본 사진첩 속 아련한 기억들, 은밀하게 숨겨 놓고 나 잊었었네. 기억의 편린들이 마음의 갈피 속에 늘 같이 있었는 걸.

너, 꿈속 눈빛은 운무처럼 몽롱했지만 내 안의 넌, 새벽 공기 같은 그 냄새, 그 맛, 그 향기로 지금도 남아 있어.

* 불턱바위: 갯바위 그늘 같은 바람막이에 놓인 화톳불 자리를 일컫는 제주어.

물구나무라도 서 볼까

나미브 사막의 작은 벌레를 떠올린다. 아무것도 없는 땅이란 의미의 나미브, 덥고 건조한 붉은 모래뿐인 가혹한 그곳에서 고군분투하는 생명체를 만났다.

밤안개 깔리면 모래 언덕에 올라 바다 쪽을 향해 물구나무 서는 딱정벌레, 메마른 벌판에 깃드는 어둠을 축복이라 여기며 하염없이 밤을 새운다. 몸을 덮은 안개 알갱이 낱낱이 모여 입안으로 스며들 때를 기다리며….

태어나서 살아남는 법을 물구나무서기에서 터득한 벌레는 오늘 밤도 곤두서서 생명수 고이길 기다릴 거야. 단물 넘치는 고향 숲으로 돌아갈 꿈도 꾸겠지.

요사이 한 줄의 글도 다가오지 않는다고 투덜거리기는 내게 묻는다. 한 방울의 물을 갈구하며 물구나무로 곤고하게 밤을 새우는 딱정벌레처럼 치열히 매달려 보는가. 잿빛 안개도 프리즘 너머는 영롱할진대, 세상 거꾸로 바라보기라도 하며 빛 스미길 염원해 보는가.

간곡히 자연과 통섭해 보았는가.

할머니의 겨울

밥때 한참 지났건만 부엌문은 굳게 입 다물고 있다. 눈보라 무서워 납작 엎드린 지붕 위로 설한풍이 파도처럼 밀려든다. 굴뚝도 배곯았나. 허기진 사람 밥 채어 먹듯, 이밥 같은 눈송이 낚아채는 데만 열중이다. 검댕이 입으로 실 같은 연기라도 폴폴 날렸으면 좀 좋을까.

새끼줄에 머리채 잡힌 처마 밑 시래기, 제 신세 처량타며 구시렁거려 뭐하리. 가으내 이래 운신 한번 못한 할머니의 겨울만큼 애답답할까.

햇살도 비켜선 아침나절 이슥한데, 하루 열어 줄 도시락은 언제 오나, 언제 오나. 툇마루엔 빈 도시락이 추위에 사색이고 기다림에 이골 난 기우듬한 기둥은 딴청이다.

"따스운 밥 먹고 싶어." 할머니 하소에 누런 문풍지 바르르 떠는데 씨알 굵은 고드름은 제 몸집에 겨워 땀 흘린다.

고드름 풍년이면 조 고고리* 댓 자 늘어질 풍년 든다 했지. 기억 저편에 묻힌 시절, 마당 가득 쌓았던 풍요를 그녀의 닳고 닳은 가락지라도 기억해 줄까 몰라.

* 조 고고리:.조 이삭

아내 잃은 친구에게

간밤, 저녁도 거른 채 하얗게 보냈다지요. 사랑했던 아내 먼 곳으로 보내던 날, 헛웃음 너머 축축한 눈자위 껌벅이던 모습에 가슴이 에입디다. 한 모금의 담배 연기 가뭇없이 날려 버리고 '슬픔이란 놈이 담배필터를 지나고 나니 눈물이란 놈이 달려들어 성가시다'던 그대여.

오늘 삶이 버거워도 자리 박차고 일어나 새벽 오솔길로 나서 보세요. 봄은 만연하건만 매화 영롱했던 자리에도, 찰진 언덕배기에 솟은 고사리 머리에도 눈물방울들 아롱아롱 보일 거예요. 초화들도 밤마다 스스로 씻김굿 하며 삶을 달래고 있잖아요.

눈 맵고 서러운 날엔 눈물의 변주곡을 맘껏 켕겨 보세요. 속이

뻥 뚫리도록 그렇게요. 삶의 바탕은 눈물이라고 했어요. 목 놓아 통곡하면 슬픔도 달랠 수 있으니 우리 사람이지요.

백두산 천지에 오른 어느 시인의 시구가 떠오르네요.

'아! 이렇게 웅장한 산도 큰 눈물샘을 안고 있네.'

아낙술

신문 한 귀퉁이 글이 눈길을 끈다. 남자들이 군대에서 익힌 '아낙술', 일명 아낙의 기술을 발휘하란다. 반듯이 개킨 이불, 베일 것 같이 날 선 바지, 허리 맞잡은 연인같이 단정히 놓인 군화 등, 군에서처럼 가정에 솔선수범하여 아낙술을 펼치란다. 미리 익힌 귀중한 기술을 왜 안 쓰는지 모르겠단다.

나도 남편의 쓰지 않아 무뎌버린 아낙술에 기대느니 손끝에서 갈고 닦인 아낙의 기술을 휘둘러 버린다.

배운 기술 안 쓰는 건 단념한 지 오래지만 뒤물러서며 모르쇠를 앞세우니 이게 문제다. 예전 씩씩하고 당당한 모습은 어디로 가 버렸나. 어린 아들이면 태권도장에라도 보내 담력이라도 키워 보련만. 형광등 교체도 무섭다고 발뺌하질 않나, 연속극 보며 눈물 그렁그렁 매달질 않나.

남편은 모르나 봐. 고상하게 늙고 싶은 나에게 조물주가 웬 기센 호르몬 값 하라는 이유를. 그 덕에 아낙의 기술 중, 제일로 꼽는 목소리 높이기가 울담을 훌쩍 넘는 사연도.

기센 값 치르려니 나도 힘들다.

돌배

올 3월, 때늦은 눈발이 배꽃처럼 흩날리던 날. 삭정인 줄 알았던 가지에 파란 핏줄 성성함이라니.

꽃샘 지난 후, 그 가지 끝에 봄 처녀처럼 화사하게 피어오른 얼굴은 이화였다. 돌배나무란다. 여북하니 좁은 화단이라 대여섯 뼘 키움도 버거운 환경이 안타깝다만 꽃 진 자리 쓸쓸하지 않게 열매 몇 알만 맺어다오. 기대는 내 염원이었을 뿐, 흔적도 없이 지고 말았다.

시월을 며칠 앞둔 날, 한강발원지인 태백 검룡소 산행 중 비탈길에서 돌배를 만났다. 아기 주먹같이 앙증맞은 열매를 발돋움하여 어렵사리 땄다. 화단에 왔던 봄을 만난 듯 반가웠다.

달고 사근사근한 개량종 배엔 비길 바 못되지만 깊은 숲 한가득 품고 있었다. 토종 배라는 이름에 걸맞게 우직하고 순박한 그 맛, 뭇사람들이 알아주건 말건 산비탈 마다않고 힘껏 자란 돌배나무에 반했다.

수필 숲에 들어선 지 여러 해가 지났다. 수필나무야, 돌배처럼 풋풋한 열매 동실동실 열려다오.

■ 작품해설

낮게 앉아 깊이 보는 정시正視의 시선

- 제2수필집 ≪가을 물들다≫에 나타난 강순희의 작품 세계

東甫 김길웅(수필가 · 문학평론가)

■ 작품해설

낮게 앉아 깊이 보는 정시正視의 시선

- 제2수필집 ≪가을 물들다≫에 나타난 강순희의 작품 세계

東甫 김길웅(수필가 · 문학평론가)

1.

'산을 오르다가 보랏빛 투구꽃을 보았을 때, 독버섯이 더 화려하고 독초가 더 고운 꽃을 피운다 하신 어머니 말씀을 떠올릴 때가 있다. 독하다는 것은 가열苛烈한 것, 혹독한 것, 그러니까 목숨을 걸었다는 뜻이다.

한때는 사람의 목숨을 거두는 사약으로 쓰였다는 투구꽃, 목숨 걸고 피워 낸 꽃인데 어찌 곱지 않으랴. 투구꽃 앞에 무릎 꿇고 한 번도 목숨 걸어 본 적 없는 독하지 못한 나의 반생半生을 조용히 되돌아보는 가을.'

메모수첩을 되작이다 오래 묵혀 둔 글과 만났다. 두어 구절 가필

했던 기억이 난다. 제목이 '독한 것이 더 아름다운 꽃을 피운다'.

순간, 무릎을 쳤고 작품 해설의 글제를 '낮게 앉아 깊이 보는 정시正視의 시선'이라 얹었다. 작가로부터 청탁을 받고, 옥상을 오르내리며 고심하던 중 자기암시에 걸려든 것일까. 이 일련의 일들이 삽시에 이뤄진 것이라 자신도 놀랐다.

요즘 글줄을 쓰며, 나는 과연 '수필가'인가 하는 생뚱맞은 물음에 직면한다. 갑작스러운 일이되 기연미연이다. 웬일인지, 시간이 갈수록 자신의 내면을 향한 이 질문의 빈도가 잦다. 내게 던지는 질문일지언정, 알아들을 만한 데시빌로 묻는데도 가는귀먹었는지 답을 내지 못해 우물쭈물한다. 일단 굴욕이다.

그렇다고 누가 날 선 소리로 물어박지르는 것도 아니다. 말 그대로 자문하는데 자답이 없으니 답답한 노릇이다. 수필을 쓴 지 꽤 됐으니 한 소리할 수 있으련만, 수필가연 하면서도 진즉 자신 있는 답을 내놓지 못하니 예삿일이 아니다. 아직도 수필에 영혼이 없다는 얘기인가.

올차지 못한 이 망설임은 요즘 한국 수필 문단의 일련의 흐름과 무관치 않을 것 같다. 문예지를 통해 통과의례를 거치면서 수많은 신인들이 등단한다. 신인의 수효가 일 년 수백을 웃돈다. 허구가 아닌, 우리 수필의 현주소다. 잡지 경영이 영세성에서 벗어나지 못한 근본에 연유하겠으나, 문단이 안고 있는 불가해한 문제로 돼 있는 것 또한 사실이다.

주위를 돌아보면 수필가가 지천이다. 웬만한 사람은 너나없이 수필가다. 시민이 향유할 수 있는 문화적 공간을 넓힌다든지 국민정서의 고양高揚이라는 긍정적 측면도 없지 않다. 압구정동에 성형외과의가 셀 수 없어도 간판을 내린다는 얘기는 듣지 못했다. 실력 있는 자에게는 도생의 묘리가 있다. 수필이라고 예외가 아니다. 하지만 독자보다 수필가가 많다는 세간의 말에 가슴 쓸어내리지 않을 수 없다. 이렇게 양산되는 수필가들 대부분이 자기도취에 빠져 있다면, 더욱 큰일이다. 설령 그런 작가가 있다면 하는 평자의 가정이기를 바랄 따름이다.

엄연히 통과의례를 거쳐 수필가라는 이름을 획득했으면 기성작가로 대우 받아 마땅한 상식을 가지고 가타부타하려 않는다. 토를 단다면, 등단이 쉬웠던 만큼 수필의 품격이 낮아도 된대서야 어불성설 아니냐는 것이다. 짚어야 할 것이 있다. 작품의 주제니 구성이니 완성도를 떠나 주술 호응도 안되는 문장을 수필이라 내놓는다면, 이야말로 낯 뜨거운 일이 아닐 수 없다. 이런 부박浮薄할 데가 또 있을까.

내 이름 석 자 앞에 수필가라는 이름표를 달기가 계면쩍다. 수필가라는 일군의 작가들 가운데 나 또한 별로 다를 게 없다는 자괴감에서 자유롭지 못해서다. 등단작이 대표작이 된다는 작금의 수필문단을 향한 우려 섞인 목소리에 진정이 담겼음을 깨달아 몇 마디 덧댄다.

2.

여기, 예외가 있다. 강순희는 누구보다 작가관이 탄탄한 수필가다. 단지 그렇다는 것이 아니다. 찬찬히 들여다보면 강순희는 이 글 도입의 '산을 오르다가 만나게 되는 보랏빛 투구꽃'의 또 다른 모습으로 수필 곁을 지킨다. 수필의 파수꾼이다. 수필을 쓰는 일에 관한 한 깔축없이 야무지고 모질다.

그의 첫 수필집 ≪천천히, 그러나 항상 앞으로≫를 기억한다. 그가 표제로 내놓은 역동적인 몸짓처럼 강순희는 시종 수필 사랑, 수필 몰입으로 일관해 온 작가라고 거리낌 없이 말하고 싶다. 강순희에게는 적어도 그의 '삶 곧 수필'이라는 등식이 성립한다. 그만큼 그의 삶을 지탱하는 에너지원이 수필일진대, 수필은 강순희가 지향指向하는 푯대를 향한 가치 실현의 본류이지 지류가 아니다.

문득 "창조는 모방의 끝에서 시작된다." 한 오스카 와일드의 말이 떠오른다. 예술은 애초 자연을 모방하면서 발양했다. 예술의 어느 장르를 불문하고 모방하지 않은 창작은 존재하지 않는다.

평자가 아는 강순희는 등단 10년이 목전으로, 창작에 골몰하면서 수필적 사유가 이미 철학에 진입했음은 물론, 줄곧 자기 문학의 외연 확산에 심혈을 쏟아 왔다. 그는 작가적 결핍을 거부한다. 그리고 자신에게 반역한다.

인간 탐구의 사려 깊은 천착, 사람과 사물에 대한 사랑과 긍정의 눈길, 일상 속 정물에 닿는 정 어린 시선, 사람 사이의 따스하고 끈끈한 관계 설정, 추억의 세계에 대한 연민과 미지에 대한 끝없는 동경, 자연과 산수의 실경 수용 등, 어느 하나 수필의 소재로 끌어안지 않는 것이 없다.

등단을 전후해 초기에는 멀리 피천득과 윤오영에 기울었을 것이고, 그러면서 김소운과 법정에 경도됐을 것을 익히 안다. 또 가까이 지역 문인들과의 문학적 교유交遊에도 격의 없이 다가갔을 것이다.

강순희는 부끄럼 없이 수필로 발가벗는 작가다. 적나라하다. 자신을 여지없이 드러내고 타자를 받아들임에 주저하지 않는다. 그렇게 수필을 위한 것이면 느닷없이 손 내밀고, 가슴 열고, 영혼을 비운다. 신선한 것을 붙들기 위해, 피안으로 나아가려, 정신의 허기를 채우려 그런다. 그렇게 그는 수필에 삶을 얹고 수필을 부둥켜안고 사는 작가다. 우리가 생각하는 어림짐작을 넘어 그렇게 그는 억척스럽다. 자신에게 그만큼 준열하다. '독한 것이 더 아름다운 꽃을 피운다.' 의당 강순희를 두고 한 말이 아닌가. 그의 작품세계가 전에 없이 우거지고 비옥한즉, 그런 중 그의 수필이 몰라보게 천이遷移해 왔으니 결코 우연한 일이 아니다.

이제 강순희의 두 번째 수필집 ≪가을 물들다≫를 조명하기 위해 그의 수필 속으로 들어가려 한다. 심도 있게 풀어 낼 수 있으리라 믿는다.

① 여름 초입, 들머리 식힌 장맛비는 질펀했다.

반짝 햇살 따가운 유월 막바지, 사려니 숲 속살엔 공기조차 꿈틀꿈틀 크는 듯하다. 오가는 발길에 잦아들은 질경이도 치맛자락 걷어 올리느라 부산을 떤다.

오솔길 따라 늘어선 풀들, 나무들, 얼~쑤 한바탕 마당놀이 같은 작달비에 홀렸는지 너나없이 노곤해 뵌다. 다만 제 향기에 취한 더덕 넝쿨은 반반한 산수국 허리 휘감아 안고 헛꽃 입술 매만지는 손끝이 날렵하다. 상현 낮달, 조는 듯 훔쳐보는 눈매 요염하다. 나른했던 오후가 번쩍 눈 뜬다.

나비 한 마리 팔랑거린다. 이때를 놓칠세라 산수국 참꽃이 배시시 입술 연다. 사뿐히 합환하는 나비. 하얀 날개에 내려앉은 햇살이 바르르 떤다.

– 아포리즘 〈헛꽃 사랑〉 부분

② 초록 무지개 깃든 아버지 무덤은 잡풀 삭아 봉긋하니 반가운데, 한 줌 남은 햇살이 설핏 기울며 그리움을 쏟는다. 지아비 무덤 옆, 또 하나의 봉분으로 하염없이 앉아 있는 어머니, 혼잣말 중얼거림이 어느새 하소로 변해 주절주절 쌓인다.

"이녁은 얼마나 펜안 ᄒᆞ우꽈. 나도 ᄒᆞ저 ᄃᆞᆯ앙 가 줍서."

두엇 남은 산목련 잎 스치는 갈바람이 병색 짙은 어머니 얼굴 가에 머문다. 흘러내린 몇 올 백발이 설레발 떨며 어머니 눈치를 살핀다.

하루의 저물녘이 어둠을 짓는다. 생과 사. 두 무덤이 어스름을 먹는다. 멍하게 허아비로 서 있는 나를 산그늘이 내리 덮친다.

망종에 울음 버린 지빠귀 한 쌍, 목멘 소리가 구슬프다.

– 아포리즘 〈가을 만가輓歌〉 부분

①은 단순히 숲의 객관적 묘사가 아니다. 화자의 상상이 사실 너머에 가 닿았다. 질펀하게 에워싼 풀과 나무들이 헛꽃 사랑의 들러리가 되고 있는 것일까. 상현 낮달도 동참하면서 오후가 번쩍 눈을 뜨는 이유가 거기 있었다. 나비 팔랑거리며 오고 배시시 입술을 여는 산수국, 합환의 순간이다.

화자가 무의식으로 가라앉아 독자와의 간극을 만들고 있어 독자를 안으로 쉬이 영합하려 않는 고집스러움이 느껴진다. 가탈이 아니라 개성이다. 좋은 수필이 갖는 모호성—흐린 영상을 보는 듯하다. 그래서 감미롭다. 다만 그것은 일정 수준 이상으로는 더 벌려지지 않을 간극으로 설정됐다. 작품을 완성하는 것은 독자다. 독자가 좁혀 들어가면서 행간으로 나름의 시야를 확보하면 된다. 그런다고 마지못해 강잉하진 않는다. 사실을 넘어 화자의 영혼 속으로 스미는 환상의 에스프리다.

②는 '나목이 손짓하는 영주산 자락을 등 굽은 어머니 황망히 오르며' 불렀을 만가輓歌다. 망인에 대한 '그리움→혼잣말→하소'로 이행하는 의식의 흐름의 점층적 심화를 전지적 작가시점에서 서술하고 있는데, 행간에 너울이 일고 있다. 이내 어둠이 생生과 사死, 유幽와 명明의 세계를 지워 버리는데, 허수아비처럼 묵연히 서 있는 화

자의 모습이 처연하다.

수필은 소설처럼 가공의 배경이 설정돼 있지 않는 양식일뿐더러, 현장에서 반드시 작중인물을 제시해야 하는 것이 아니다. 진정 어린 자신의 이야기를 풀어 놓는 데까지다.

①과 ②는 아포리즘이다. 요약 긴축하고 생략 암시하는 고도의 기법에 의해서만 당도하는 짧은 수필의 정점에 위치한다. 강순희는 이미 단형수필의 묘리를 체득한 작가다. 특히 ①은 아포리즘의 진수를 보여 준다. 소리 내어 읽으면 시적 여운이 이는 연유를 알게 될 것이다. 그것은 독자의 몫이다.

> 어머니는 정성 들여 메주를 띄웠다. 콩짚이나 밭벼 짚을 사이에 깔아 고이 쌓아 놓으면 메주는 솜털 같은 곰팡이를 피워 올렸다. 다 띄워질 무렵이면 바람까지 골라 가며 쐬었는데 샛바람이 불면 된장 맛이 쓰다고 하면서 애지중지 관리했다. 찻방 한쪽을 차지한 메주덩이에서 골타분한 냄새가 가시고 다루기 좋게 단단해지면 섣달 좋은 날, 잘 담그는 하루는 집안 대사를 치르는 듯했다. 어머니가 치밀하게 준비한 대로 눈치껏 따라야 했기에 게으름을 피운다거나 추위에 손 곱아 일을 못하겠다는 따위의 핑계는 댈 엄두를 하지 못했다,
>
> – 〈어머니와 장독〉 부분

가족이 떠나고 남에게 맡겨진 고향집에 들러 회상에 잠긴 소회의 일단을 풀어 놓았다. 고스란히 과거가 머물고 있는 것들, 그중 어머

니 손때가 묻어나는 장독을 대하는 감회는 자별하다. '일고여덟 말 메주를 찬물에 맨손으로 닦아 내는 일은 고역 중의 고역이었다. 메주는 씻을수록 미끈거리는데 메주덩이 사이에 까맣게 낀 누룩곰팡이는 젓가락을 이용하면서라도 깨끗이 닦아 내야 했다. 메주를 움켜잡기에는 턱없이 작은 손이 찬물에 곱아 거멓게 멍들어도 곁불한 번 쬐지 못하고 그 많은 메주를 씻어야 했던 시절, 아릿한 추억이 또렷이 다가온다.'고 직설한다.

화자는 장독, 그 항아리를 '어머니 자궁' 같다 했다. 햇살 받아 달달한 냄새 풍겨 오면 정오의 해가 빠져 달아올랐고, 뚜껑 열어 둔 밤이면 달과 별도 빠져 놀다가곤 하던 것에 이르러 아릿하다. 이제 어머니는 돌아가셨고 당신의 일곱 자식은 뿔뿔이 흩어져 각자 도생에 바쁘다. 화자는 어머니가 남기고 간 유품인 장독을 차마 옛집에 버려 둘 수 없어 차에 태워 옮긴다. 아직도 제 안에 머물고 있는 어머니를 기어이 자신의 마음 안으로 옮겨 놓았다. 지금쯤 '어머니 장독'이 마음속 액자로 걸렸으리라. 어머니가 따라올 것만 같아 노심초사한다 했은즉, 이 곧 은연중 드러난 어머니에 대한 그리움의 세정細情으로 강순희 수필이 안고 가는 서정의 원형이다.

> 날씨야 울상이건 말건 내 기분은 화창하다. 읍내를 벗어나니 시골길이 우툴두툴 자전거를 춤추게 한다. 피하지 못하면 즐겨야 하리. 나는 어느 가수가 부른 〈어느 멋진 날〉에 맞춰 살사의 율동을 떠올리

며 요동치는 애마에게 몸을 맡겼다. '햇살 높은 하늘이 아침을 깨우면 행복은 눈부셔. 손을 내밀면 어느새 너는 코앞에서 웃고 있잖아. 세상 수많은 인연 가운데 날 만나 비로소 사랑을 알았지. 언제까지나 오늘 같다면 이렇게 살았으면….'

하늘이 도왔는지 날씨는 말짱 개고 바람도 잔잔하다. 강둑이든 논둑이든 달리는 곳마다 함박눈 같은 아까시꽃잎이 내 흥얼거림에 맞춰 흐르고 향기도 따라 흘러든다. 긴장의 끈은 핸들을 잡은 손과 페달 위에 얹은 발에게 '단단히 잡으라.' 일러 놓고 내 마음과 몸은 애마가 이끄는 대로 살사에 취해 바람을 안은 물결처럼 출렁이며 나아갔다.

– 〈깡순이의 둥가타령〉 부분

영산강 길 자전거 투어에 나섰다. 화자는 예사롭지 않다. 대놓고 했듯 악바리 '깡순이'로 변신한 것이다. 출발하며 자전거를 해체해 박스에 담을 때 울상 짓던 애마가 광주공항에 내려 몸 펴 주니 타고난 근육질 탱탱한 게 신발 끈 잔뜩 동여맨 마라톤 선수처럼 내달리려 기세등등하다 한 묘사는, 작가 자신의 다부진 정신력을 우회적으로 에두른 것 아닐까. 강순희는 오래전부터 자전거 투어를 즐긴다. 자전거를 애마라 할 정도다. 그렇게 단련한 강건한 신체의 소유자인 걸 첫 작품집 ≪천천히 그러나 항상 앞으로≫에서 익히 대했으니, 어느새 구면이다.

험난한 도정에도 불구하고 일행 중 최고령인 강순희는 달렸다. 선두 그룹을 놓치지 않으려고 악바리같이 달려 얻은 별명이 '깡순이'다.

누구의 입에서 나온 그 명명에 박수가 쏟아졌단다. 이 근성이 수필에 전이됐을까. 어간 삼 년 새 작품집 두 권 상재라니 놀라운 수확이다. 수필가에겐 이런 열정이 있어야 한다. 그런 에너지가 수필을 싱그럽게 피워 올릴 것이고, 파고든 세계는 깊고 그윽할 수밖에 없다.

결말이 드라마틱하다. 투어의 마지막 코스, 귀로에서 풍류의 고장 남도, 목포항에 무사히 도착한 애마가 화자를 등에 태워 '둥가둥가' 해 주는 게 아닌가. 깡순이, 둥가타령 한 곡조 화통하게 뽑아 화답한다. '에헤야 둥가! 어허허 둥가! 내 사랑이로구나!' 바로 이 대목이다. 화자의 돌출 액션에 수필이 덩달아 어깨 우줄거리며 생광하고 있다. 강순희 수필이 눈 맛을 돋우는 이유가 여기 있다.

① '선 그믓'은 수많은 상징을 내포한다. 그것은 잉태라는 육체적 여성성의 상징이기도 하지만, 여성이 창조할 수 있는 새로운 세계로의 발돋움이기도 하리라. 운명을 가늠하는 신답게 역경에도 뒤물러서지 않고 꿋꿋이 살아가는 여인, 생을 적극적이고 당당하게 꾸리는 가문장이를 알고 나면 그녀를 좋아하지 않을 이 없으리.(중략)

일만 팔천여 신들 중 유독 여신이 많은 제주, 그중에서도 여성영웅신화인 가믄장이는 제주여인다움을 잘 표상한 것 같아 여간 자랑스럽지 않다. 그녀를 내 마니아로 삼는 이유 중 하나다.

여성으로 태어난 어려움을 보듬어 안고, '배또롱 아래 선 그믓 덕'이라며 적극적으로 삶을 개척한 여신이여, 나에게도 나리시기를.

— 〈배또롱 아래 선 그믓 덕〉 부분

② 영등굿의 탄생은 받은 정을 주는 사랑으로 표현한 구들장 온기가 배어 있는 옛이야기다. 신과 인간의 숨소리를 잇는 민속 굿이다. 새봄을 맞이하면서 겸허하고도 성스러운 자세로 삶의 자리를 돌아보려 했던 제주사람들의 마음이 녹아 있는 고유의 민간신앙 의례다. (중략)

그 씨 뿌려진 제주 섬은 끊임없이 싹이 트고 열매 맺을 것이다. 혹독한 시련이 닥칠지라도 믿음을 받아 가꾸고 거두는 삶에서 생명의 밧줄인 희망은 존재하리라.

올해도 땅과 바다에 씨 내림받은 생명들은 영등굿 무구 울림에 불끈 용을 치며 튼실한 싹 들어 올리겠지.

– 〈씨앗 품고 온 할마님아〉 부분

①은 구구 전승돼 오는 신화 속 화소話素에 신성미가 녹아 있다. 강순희는 제주적인 것에 심취해 제주의 신화와 풍속에 남다른 관심과 애정을 갖는다. 그만큼 그의 수필에는 신화적 요소가 편재遍在해 있다. 제주 무속 삼공본풀이에 등장하는 운명의 여신—가믄장이에 경도되고 있음을 발견하는 일이 결코 어렵지 않았다. 신화 속의 여인은 진취적이고 당차다. 남편감을 선택하는 기지, 부모님을 찾기 위해 거지잔치로 효를 실천했을 뿐 아니라 부를 사회에 환원하는 이타적 접근까지, 이 모든 것들이 강순희를 홀렸음 직하다.

이런 신화 취미는 ②에서 마침내 샤머니즘적 세계로 침윤하면서 현실과의 혼효混淆라는 유의有意한 터수를 확보해 구체화된다. 전향

적으로 수필이 수용해야 할 영역이 아닌가 한다. 영등할망이 제주 사람들에게 영검과 수혜를 내렸을 것이라는 신앙적 접근으로 수필에 상상의 단초를 제공한 것은 가히 발견이고 창조다.

강순희는 이에 그치지 않는다. '신은 온 우주에 존재한다.'면서 그의 상상력은 그리스신화에 등장하는 바다의 신 포세이돈으로 날갯짓하고 있다. 바다의 신이라는 공분모에서 시작한 상상의 단서가 이런 파급으로 흐르고 있어, 강순희 수필이 한 번 세차게 굽이친다. 값진 시도에 공감한다. 매너리즘으로부터의 탈출이면서 기존 수필에 대한 일탈의 몸짓이다.

> 서로의 작품을 논하는 시간. 어휘 한마디를 지적당한 나는 궁한 나머지 "그냥 그렇게 써 봤습니다."라 얼버무렸다. "삶의 진실을 치열하게 탐구한다."를 잊었나요? 자기 글에 무책임한 답변은 금물입니다."
>
> '수필의 새 패러다임 창출'이라는 표방 아래 뭉친 회원들 틈에서 내 신경은 트랙을 달리는 선수가 되지 않을 수 없다. 제각각 회심의 작품을 쏘시개 삼아 불길 같은 토론이 이틀에 걸쳐 이어질 것이다. (중략)
>
> 글자에는 혼이 있고 소리에는 숨이 있다지. 도로 아낙네로 돌아와 버린 나는 허벅다리 위까지 말아 올라간 치마를 얼른 내리며 매무시를 고쳤다. 조신하게 앉았지만 파도는 엉장을 간헐적으로 얼싸안으며 푸진 웃음을 하얗게 날린다. 웃고 싶으면 맘껏 웃어 보라지. 건건

찝찔하지만 얼굴에서 톡톡 터지는 물보라들 웃음에 나도 따라 해죽거렸다.

— 〈관곶에 누워〉 부분

연년이 6월에 갖는 동인脈 워크숍이 작품 동기인데, 행사 내용을 단순히 풀어내지 않고 한 번 틀었다. 놀라운 것이, 합평에서 자기 작품에 대한 지적을 스스럼없이 받아들이는 긍정적인 포용이다. 자신을 무심히 털어내는 게 쉬운 일인가. 어물쩍 넘기려거나 어영부영 호도하고 넘어가면 그만인 것을, 강순희는 자신에게 내려진 혹독한 질타까지 순직하게 드러냄으로써 평온을 얻고 자신을 구원한다. 그의 수필의 놀라운 성장이 바로 이런 진정성에서 발원할 것이다. '글자에는 혼이 있고 소리에는 숨이'라 한 대목을 두세 번 곱씹어 보게 한다.

강순희는 그 아침, 바닷가—관곶에 누웠다. 명주 한 통이 모자라 육접에의 꿈을 접어야 했던 설문대할망 신화가 서린 곳, 섬의 끝자락 조천리 바닷가 관곶.

'허여멀건 다리, 두 점 속옷' 등을 어찌 통속이요 관능이라 하랴. 이들을 싸고 돌아 관곶, 그곳 신화와 합일했다. 결말이 함축적인 것이 놀랍다. '나, 관곶에 누웠다가 회임했나 봐.' 이 독백이 작품을 천금의 층위에 올려놓았다. 강순희 수필이 난숙기에 접어들고 있음을 감지하고 남는 소이所以다.

우주 만물은 다 인연법 따라 순환한다는데, 애석해 말고 웃으며 보내야지. 마음 다잡아 보지만 딸의 질끈 묶은 꽁지머리조차 눈 아리게 했다.

아지랑이가 들쥐처럼 헤집고 다니는 들판을 우리는 아무 말 없이 앞서거니 뒤서거니 걸었다.

남편이 침묵을 깬다.

"봄은 봄이다. 외래종이지만 민들레꽃 만발하니 좋네."

딸이 아빠 말을 받는다.

"엄마 아빠, 저기 민들레처럼 씩씩하게 살게요. 걱정하지 마시고 저를 믿으세요."

산등성이에 오르니 여태 떠나지 않은 맵싸한 소소리바람과 골바람이 기 싸움을 벌인다. 민들레 씨들이 사방으로 흩어진다. 한 점 씨앗이 여린 깃털의 부추김 따라 무작정 허공으로 날아오른다. 배회하는 따라지신세 꽃씨들. 사월 동풍 타고 한없이 가버릴 것 같아 불현 듯 두 손을 모은다.

— 〈민들레 꽃씨의 꿈〉 부분

여차한 일로 한국을 떠난다고 나선 딸 앞에 그 어미 얼마나 당혹했을까. 하물며 사랑하는 사람이 있어 이민 간다고 하지 않았겠는가. 준비 되지 않은 이별이 두려운 게 아니다. 어떤 경우에도 낯선 곳으로 훌훌 떠나보낼 만큼 어미의 마음은, 어미로서 유여하지 않다. 남편과 동행한 선산 참배는 딸에게 숙연한 의식이었을 것인데, 오가는 길섶에서 본 개민들레의 그 질긴 도생 현장, 산야를 온통 샛노랗게 물들인 그것들은 토종이 아닌, 이방에서 온 외래종이다. 그런데도 들판을 휘어잡고 있는 모습에서 딸이 개민들레같이 안차길 비는 어미 마음은 처절하다.

작품을 완성하는 데 일정 수준 기여하고 있는 것이 '민들레 씨의 꿈'이라 한 제목이다. 딸의 처지를 '낯선 외지에 뿌리박은 개민들레'로 매개한 착상이 공감대를 형성하면서 그만의 메타포로 주효했다. 그렇게 거들어 나선 것이 민들레의 씨다. 어미의 비원悲願 서린 원력願力이 민들레 씨 되어 먼 데로 날아갈 테고, 딸은 이미 지금쯤 산 설고 물 선 미지의 땅에 안착했으리라.

> 솔리다는 이제 적응할 만하데 새장 안의 새처럼 오들거리며 가끔 불안한 모습은 보이지만 살포시 웃는 입술에는 앙코르의 미소가 보인다. 그 입술은 내가 보고 반해 버린 의지 굳은 바이욘 사원 부처상을 빼닮았다. 그런 올케가 더 예쁜 일을 저질렀다. 제주에 뿌리 내릴 씨앗을 잉태했다. 임신 9주째란다.
>
> 놔두면 허물어져 버렸을지도 모를 남동생에게 스펑나무 숲에 살았던 솔리다가 타프롬 사원을 에워싸 안은 나무처럼 든든하게 가족으로 뿌리내려 주었으면. 연분은 하늘이 점지해 준다는 걸 간절히 믿고 싶다. 앙코르와트 고대건축물을 거대한 뿌리로 장악해 버린 스펑나무를 보며 경악했었는데, 순식간에 나의 선입관이 바뀌어 버렸다.
>
> 솔리다가 제발 그 스펑나무를 닮았으면 좋겠다.
>
> – 〈스펑나무 숲에 살았던 솔리다〉

다문화시대의 표본으로 상징성을 띤 작품이다. 캄보디아 색시와 남동생이 부부의 연을 맺은 것인데, 외국의 낯선 올케를 향한 자상하고 조신한 마음씀씀이가 잔잔한 울림으로 다가온다.

어릴 적 관절염을 앓은 병력에서 한쪽 다리가 불편한 연유로 혼자 살며 자포자기해 온 동생에게 배필이 생기자 오죽했으면 '연분은 하늘이 점지해 준다.'고 했을까. 강순희가 솔리다를 바라보는 시선은 진즉 돌아가신 어머니의 마음으로 어루만지고 싸며 돌고 있다. '겉볼안이라고 천박하거나 비굴하지 않을뿐더러 나이답지 않게 침착하다'든지, '손끝도 야무지고 결곡하다'든지, 옛 크메르제국의 혈통이 흐르고 있을 거라는 믿음을 주는 듬직한 행실이 곱다든지….

얼마나 기뻤으면 솔리다가 동생의 아이를 잉태한 것을 '예쁜 일을 저질렀다' 했을까. '스펑나무 숲에 살았던 솔리다'에게 타프롬 사원을 에워싸 한가득 안은 나무이기를 바라는 화자의 마음은 동생에게 가는 애틋한 혈육애만큼 곡진하다.

강순희의 후하고 덜퍽진 인간미가 돋보이는 작품이다. 밑바닥에 흐르는 따뜻한 인간애가 사람 사이의 벽을 허물면서 급기야 수만 리 국경을 넘었으니 숭고하다. 선명한 주제가 수필을 완성하는 법이다. 나는 이 작품을 강순희의 대표작 반열에 올려놓으려 한다. 강순희 하면 으레 떠오르는 작품이다. 휴머니즘의 표상인데다, 잘 쓴 수필 좋은 수필의 요건을 두루 갖췄다.

함초롬히 피어오르려던 꽃들을 뽑으니 마음 한쪽이 서늘하긴 하지만 애당초 태어나면서도 이별을 노래하는 기구한 운명이 아닌가. 내 눈에 잡혀 태어나자마자 뽑히는 신세가 됐지만 이것도 인연인 걸.

염색 재료인 억새를 푹푹 삶았더니 올올이 숨겨 놨던 갈색 혈을 끓는 물에 와락 쏟아 놓는다. 가으내 몸 흔들며 계절을 노래하려 모아 놓은 기력을 남김없이 풀어 버린다. 홀씨 또랑또랑 맺혔던 올들이 한순간에 누르죽죽하게 변하면서 파죽음이 되어 사그라져 버렸다. 보드랍고 청초하게 살랑거리던 살결은 그 어디에도 없다.

'흔들거리며 백발이 되고 그 백발이 갈갈이 빠지도록 생의 거반을 시련으로 사는 억새들아, 진액을 우려내는 과정이 좀 혹독하긴 해도 때깔 고상한 옷의 격조 속에서 기품 있게 오래 깃들어 사는 것, 그것도 좋지 않겠나. 생물이면 반드시 거쳐야 할 생사가 일찍 도래했을 뿐이라 마음 달래 보시게.' 억새들의 본풀이라도 해주는 양, 혼자 중얼거린다.

– 〈가을 물들다〉 부분

천연염색은 그냥 물감을 먹여 활활 헹궈 널어 되는 것이 아니다. 내공이 천연을 물들이는 노작이다. 시기에 맞추되 올라온 억새의 순, 그것이 머리 감고 물기 머금은 채 찰랑거리는 여자 아이 머릿결 같을 때, 매정하게 잡아채 쏙 뽑아야 한단다. 그리고 끓는 물에 쏟아 놓아 천연의 색감을 우려내는 혹독한 고열의 심판을 견뎌야 천연의 색으로 물든다. 자연으로 귀환, 부활하는 것이다.

화자는 벌써부터 꿈에 부풀어 있었다. 억새가 선물한 가을물 먹은 인견으로 무릎 밑까지 살랑거리는 원피스를 지어 입을 꿈, 그리고 갈바람에 휘날려 줄 두근거리는 스카프에의 꿈,

그에 더해 천연염색으로 억새꽃을 닮아 가는 한 켜 고급스러운 향연에의 꿈이 있다. 윌리엄 더건은 "획기적인 발견은 그것이 온 과거와 그것이 시작되는 미래의 일부"라고 했다. 마치 길의 커브가 어느 한 방향의 끝이자 다른 방향의 시작인 것과 같은 원리다. 강순희에게 천연염색은 끝나지 않고 꿈으로 진행 중이다.

경험이 고운 빛깔을 얻었으니 그냥 있을까. 괜히 울고 싶고 가슴 까슬까슬한 날 꺼내 입어 억새꽃처럼 머릿결 날리며 인생의 가을을 즐기는, 그리하여 휘몰이 바람에도 물결로 승화하는 가을 들에 나가 기어이 향연을 펼치리라.

이 작품집의 표제작이다. 종당에 천연염색으로 '가을 물들다', 가을 물들였다.

① 마니카르니카 가트 화장터의 불타는 시신, 그 주위 강물에서 연기에 휩싸여 목욕하고 기도하는 신자들. 화장터 위쪽 즐비한 주택 창가에서 화장하는 광경을 내려다보거나 기지개 켜는 사람들. '스리 람 남 샤티 헤'(라마신은 모든 걸 알고 계시다)를 외치며 시신이 안치된 장작더미에 연달아 불을 댕기는 불가촉천민不可觸賤民의 눈빛. 그 눈빛과 피워 논 장작불빛에 젖어 소리 없이 붉은 울음 우는 갠지스 물결을 하염없이 바라봤다.

해가 뜨니 눈에 잡히는 모든 것들이 생과 사의 경계를 흐릿하게 만들어 버린다. 벌건 태양과 또 세상과 대면하는 순간, 한 움큼 서늘한 바람이 스친다. 밤에 본 갠지스는 의연했는데….

눈두덩이 붉게 물든 해님을 물밑에서 들어 올리며 강물이 흐느낀다. 보트 가장자리에서 나는 강물을 손바닥으로 쓰다듬었다.

– 〈신은 소 눈 속에도 있었다〉 부분

② 내가 늙는 건 서럽지 않은데 먼 이국에서 주근깨 덮인 만삭의 딸을 보며 몰래 울먹였던 허드슨 강가 산책길을 잊을 수 있을까. 남산만하게 커 버린 딸의 배를 보며 어떻게 걸을 수 있겠냐며 집에 있자고 해도 쉽게 낳으려면 운동을 해야 한다고 오히려 나를 끌어내어 이 길을 걷고 걸었지. 걷다 지치면 목제 벤치에서 바라보던 저 강물과 이 길을 두고 이제 떠나야 하네.

하루가 다르게 도담도담 자라는 우리 로이. 내년 따스한 봄날이면 엄마 아빠가 밀어 주는 유모차 타고 이 길, 오갈 테지. 나의 용감무쌍한 딸과 착한 사위, 사랑스러운 내 손자 로이야, 안녕.

– 〈허드슨 강 연가〉 부분

①과 ②는 그곳에 간 목적과 동기가 다르나 일상을 떠나 이국의 풍정을 담은 여행 뒤꼍 얘기라는 공통점을 갖는다.

①은 인도 기행이다. 쓰레기 너풀거리는 간디공항에서부터 배회하는 수많은 사람들과 짐승들의 거리, 사원유적지 궁전의 위용, 신들도 어쩌지 못하는 인도인들의 문맹과 빈곤의 생활 양태 그리고

처처에 꿈틀거리는 삼 억 구천여 신들의 나라 인도를 대형 액자 속에 담았다. 인도의 신은 행려 노인의 형형한 눈동자에도, 길거리에 드러누운 소의 눈 속에도 있다.

강순희의 집요한 눈길은 갠지스의 야경에서 절정에 이른다. 횃불로 타오르는 기도의식 뿌자 속에 신과 하나 되기 위해 강물에 몸 담가 죄를 사하려 간구하는 자들, 화장터의 불타는 시신에도 불구하고 그 연기에 휩싸여 목욕하며 기도하는 자들. 화자는 장작불빛에 젖은 정경을 눈앞에 하고서, '붉은 울음 우는 갠지스 물결'이라 토정하기에 이른다.

②는 사십에 이르러 초산하게 된 딸의 산후 조리를 위해 미국에 가 머문 전후의 일이라 목적이 있고 특정 용무가 있는 여정이었다. 수륙만리를 한 달음에 내딛은 모정이 갓 태어난 손자 얘기로 눈 맛을 돋워 낸다. "사진 봅서. 요망지게 생겨수다. 얼굴 반이 이마에다 눈매도 옹골찬 게 ᄉᆞ나이 중에 ᄉᆞ나이로 태어나수다." 현지에서 제주에 남은 부군에게 손자 사진을 영상으로 전송하며 한 말이 귓전에 머문다. 어미로서 출산한 딸이 얼마나 대견했을 것인가.

틈나는 족족 거닐었던 맨해튼 거리며 때마침 개기월식의 행운으로 바라보게 된 슈퍼문의 허드슨 강. 화자 말대로 '맨해튼의 야경을 허드슨 강물의 냄새와 숨소리를 들으며 그 물 위에 띄워 놓고' 감상하고 있다.

넉 달을 머물러 정겹기도 하려니와 딸이 사는 곳이라 돌아서자니 주고받은 정에 겨워 여기저기 '안녕'이라 작별의 말만 흩어 놓는다. 느낌은 전체적이다. 여기 몸과 마음 그리고 영혼이 참가한다. 언어로 다 표현할 수 없으므로 그것은 비밀이다.

기행문이 기행수필 곧 문학이 되려면 사실의 기록이나 현장 보고에서 탈피해 작품성을 획득해야 한다. 강순희는 대충하지 않고 기행문의 이 점을 충분히 사전에 학습했다. 여정을 뒷전에 밀어 놓고 목전의 낯선 풍물에 자신의 독특한 시선과 상상의 눈을 번쩍이고 있어 표면적 서술에 안주하는 기존의 기행수필과 결별하려는 분명한 의도가 읽힌다. 기행문을 실험하는 느낌이다. 눈여겨볼 것이 있다. 구어체가 갖는 구사력이 탄력을 받아 문장의 흐름이 마치 허드슨 강물처럼 도도하다.

3.

두 번째 수필집 ≪가을 물들다≫에 실린 몇몇 작품을 통해 강순희 수필을 일별했다.

평자는 1,2집을 앞에 놓고 그의 문학이 현저히 변모하고 있음을 진맥했다. 1집이 자연과 사물에 집중했다면, 2집은 인간과 사랑과 사회를 천착하고 있다는 사실을 드러낼 수 있었다. 1집이 단순, 단조한 사고의 집적이었다면, 2집은 심도 있는 내포와 확장된 외연으로 그의 수필의 터수가 이전에서 크게 확산해 놀랐음을 토설한다.

성숙기로 접어든 그의 문장은 정밀했고, 문장에 기여할 만큼 어휘는 풍족했으며 실했다. 그것들의 유효적절한 배치에 의한 글의 흐름 또한 숙련의 경역에 도달해 작품의 완성도를 더했다. 강순희의 언어가 그만큼 섬세해진 것인데, 그새 수필에 기울인 내공의 소산이라 말하고 싶다. 간과할 수 없는 것이 수필에 두꺼운 서정의 옷을 입힘으로써 독자에게 소소한 공명을 넘어 떨림을 주고 있다는 사실이다. 서사적 문체의 힘이 종국에 서정으로 변용變容하면서 내면화했다.

얹어야 할 것이 있다. 그의 문학이 사물에 대한 애정과 긍정의 언어라는 점이다. 그냥 훑는 수준이 아닌, 내면으로 들어가 본질을 깨워 탐찰하는 형형한 탐색자의 시선은 바라보는 이를 감동케 한다.

나는 오래전부터 강순희 수필가에게서 낮고 작게 앉아 있는 순명적인 들풀의 모습을 목도해 왔다. 들풀은 앉은 자리가 좁다 투덜대거나, 메마르다 들썩이거나, 거칠다 구시렁거리지 않는다. 거드름 피우거나 그렇다고 환경이 열악하다 버둥대지도 않는다.

숲엔 내밀한 역사가 있었다. 오랜 시간을 두고 음지에서 양지로 탈바꿈해 온 숲의 천이遷移. 그것이다. 강순희의 수필이 바로 그러하다. 낮고 작지만 그의 수필은 이제 볕바른 곳에 자리 했다. 나름의 터수에 아늑한 글밭을 일궈 놓은 것이다. 그의 자리는 적당히 넓고 넉넉하고 바닥은 탄탄해 견고하다. 생각을 내려놓고 조용히 따라 쓰다 보면, 고요해지고 주옥같은 문장들이 영혼에 깊이 스며들어 자신을 다시 깨운다. 강순희에게는 이런 수필에 대한 끝없는 사랑의 마음, 수필과 함께하는 해맑은 영혼의 두근거림이 있다, 그의 수필 밭은 날로 우거질 것이다. '낮게 앉아 깊이 보는 정시의 시선'으로 수필 밭을 북돋우며 파고 맬 것이다.

강순희 수필에서 '천이'란 말을 대입함에 거리낌 없었으니, 평자 또한 그가 소속하고 있는 동인脈 회원의 한 사람으로서 흐뭇하다. 마지막으로 헤밍웨이의 경우를 들어 한마디만 남기겠다.

그는 날마다 연필 열 자루가 닳도록 글을 썼다. 〈오후의 죽음〉이란 소설에서 이렇게 썼다. "서둔다고 빨리 배워지지 않는 것들이 있다. 우리에게 있는 것은 시간뿐이지만, 그것을 터득하기 위해서는 담뿍 시간을 소비해야 한다. 이 조그마한 지혜는 매우 귀중하며 인간이 남기고 가야 하는 유일한 자산이다."

문학은 바쁘다고 느슨히 놓아두면 눅어 버린다. 자만하지 말고, 각고면려해 좋은 수필을 쓰기 바란다. 문운을 빈다.

강순희 수필집

가을 물들다

인쇄 2016년 10월 10일
발행 2016년 10월 17일

지은이 강순희
발행인 서정환
펴낸곳 수필과비평사
주소 서울시 종로구 삼일대로 32길 36(익선동 30-6 운현신화타워 빌딩) 305호
전화 (02) 3675-3885, (063) 275-4000 · 0484
팩스 (063) 274-3131
이메일 sina321@hanmail.net essay321@hanmail.net
출판등록 제300-2013-133호
인쇄 · 제본 신아출판사

ISBN 979-11-5933-054-4 03810

값 13,000원

이 도서의 국립중앙도서관 출판예정도서목록(CIP)은 서지정보유통지원시스템 홈페이지(http://seoji.nl.go.kr)와 국가자료공동목록시스템(http://www.nl.go.kr/kolisnet)에서 이용하실 수 있습니다.(CIP제어번호: CIP2016024151)

Printed in KOREA

이 책은 국가문화예술진흥회, 제주문화예술재단, 제주특별자치도의 창작지원금을 받아 제작하였습니다.